THOMAS KLUßMANN

DEINE UNABHÄNGIGKEITS-ERKLÄRUNG

Für ein freies selbstbestimmtes Leben

inkl. Videoserie
Ask me anything

GRÜNDER.DE

VIELEN DANK AN

Projektleitung: Jessica Bellmer
Lektorat: Katharina Schell, Leoni Schmidt, Lisa Goldner
Satz, Design & Umschlagillustration: M. Fahim Ahmadi
Webdesign: Viktoria Knuth
Vermarktung: Annika Bertsch, Dr. Golo Blasche, David Jovanovic, Tim Abromeit

ISBN 978-3-947473-18-2

1. Auflage

*Ich widme dieses Buch all denjenigen,
die sich entscheiden, aus ihrem
Leben ein Meisterwerk zu machen*

&

*insbesondere Kathi,
dem wundervollsten sowie großartigsten Menschen,
dem ich je begegnen durfte.*

Ask me anything: Exklusive Videoserie

Als Leser:in meines Buches erhältst du exklusiv Zugang zu einem ganz persönlichen Interview mit mir.

Wie beginnt mein Tag?

Was bringt mich so richtig auf die Palme?

Was begeistert mich an meinem Job?

Die Antworten auf diese und viele weitere Fragen verrate ich dir unter

www.thomasklussmann.de/videoserie

Zugang erhältst du mit dem Passwort:

fragthomas

Viel Spaß beim Zuschauen!

INHALT

Nicht das Ziel macht dich erfolgreich, sondern die aktive und konstante Handlung in eine bestimmte Richtung.
(Dr. Stefan Frädrich)

VORWORT

Von Dr. Stefan Frädrich

Das Leben ist eine Reise und manchmal merkst du, dass du in einer Sackgasse steckst. Oder dass du falsch abgebogen bist und dich an diesem Ort so ganz und gar nicht wohl fühlst. Dann ist es wichtig, nicht darin stecken zu bleiben, sondern weiter zu gehen. Und wenn du dann ohnehin schon bereit bist, weiterzugehen, dann kannst du dich auch direkt fragen: Was ist denn der richtige Weg für mich? Wie lautet mein „Ziel"? Diesen Weg beschreibt Thomas Klußmann in diesem Buch und nutzt dafür beeindruckende Beispiele und Strategien seines erfolgreichen Lebens.

Die Sache mit den Zielen...

Doch warum habe ich das Wort „Ziel" in Anführungszeichen geschrieben? Weil ich der Meinung bin, dass Ziele Quatsch und völlig überbewertet sind. Und vielleicht fragst du dich schon jetzt: „Wow - wie durfte der Typ mit dieser Meinung das Vorwort von Thomas' Buch schreiben? Schließlich geht es in diesem Buch doch um Unabhängigkeit und Erfolg im Leben? Sich Ziele zu setzen, das ist doch die Grundvoraussetzung für Erfolg?"

Nein, ganz und gar nicht! Die Bedeutung von Zielen wird völlig überschätzt. Denn nicht das Ziel macht erfolgreich, sondern die aktive und konstante Handlung in eine bestimmte Richtung (Wie du deinen „Arsch dafür hochkriegst" erklärt Thomas dir in diesem Buch sehr ausführlich). Ein Beispiel? Nicht die Definition eines Zielgewichts am Ende einer Diät macht erfolgreich, sondern die richtige Ernährung und Bewegung. Das Zielgewicht ist lediglich ein wünschenswerter Endzustand.

Ziele sind Alibis

Oft wirken Ziele nicht wie Antriebshilfen, sondern eher wie Alibis. Denn: Weil wir alle Ziele gerne erstmal definieren und dann dem Irrglauben verfallen, jene nun auch irgendwie automatisch zu erreichen. Mental haben wir es ja schon erreicht. Wir sehen das Ziel vor unserem inneren Auge – wozu also noch extra handeln? Ziele beruhigen unser Gewissen.

„Alle Politiker:innen" wollen scheinbar den Klimawandel stoppen oder zumindest massiv verlangsamen. Doch nur weil sie sich das als Ziel gesetzt und vor Augen haben, wird das Ziel noch lange nicht automatisch erreicht. Natürlich lässt sich der Klimawandel nicht von heute auf morgen stoppen und ich möchte hier weiß Gott nicht bereits im Vorwort eine politische Diskussion entfachen. Aber: Ich glaube anhand dieses Beispiels wird klar: Nicht die Zielsetzung, den Klimawandel bekämpfen zu wollen, führt zum Erfolg, sondern nur das aktive und konstante Handeln in diese Richtung - in Form von klaren Maßnahmen.

Schade, dass Ziele so zu leeren Alibis verkommen, denn sie sollen uns schließlich auf den richtigen Weg führen. Nur machen wir dabei folgende zwei Fehler und hier teile ich Thomas' Meinung im Buch: Wir überschätzen, was wir in kurzer Zeit erreichen können. Und wir unterschätzen, was wir in einem längeren Zeitraum auf die Reihe kriegen.

Um dauerhaft in eine Richtung zu handeln, brauchen wir die Richtung – nicht jedoch Ziele. Ziele sind nicht notwendig, um Erfolge zu erzielen. Gute Verkäufer:innen bringen auch ohne hohe Vorgaben Abschlüsse zustande und gute Fußballer:innen schießen auch ohne Weltmeistertitel Tore. Weil sie es gerne machen, eine eigene intrinsische Motivation dafür besitzen und die richtige Richtung im Blick haben. Sie brauchen auch keine äußeren Anreize, um dies mit Freude zu tun. Ihr innerer Antrieb reicht dafür völlig aus!

Ziele führen zu Motivationsproblemen

Ziele können zudem Motivationsprobleme bewirken, weil es nicht mehr um den Weg zum Ziel geht, sondern nur um Ergebnisse. Dabei ist der Weg das Ziel! Dies wusste schon der chinesische Philosoph Konfuzius einige Jahre vor Christus. Warum ist es vielen von uns nicht bewusst?

Ich gehe noch einen Schritt weiter und behaupte: Ziele können sogar zu Motivationsproblemen führen, wenn sie erreicht sind. Dann verlieren sie nämlich ihre Bedeutung. Jede Extra-Anstrengung wird überflüssig. Der Antrieb ist weg. Schalke ist schon abgestiegen, die Bayern schon Meister? Easy, gegen die gewinnen wir locker. Bei denen geht es doch um nichts mehr! Genauso kann es in die andere Richtung gehen: Sind die Bayern mal wieder vier Spieltage vor Ende Deutscher Meister, schwindet bei anderen Top-Vereinen aus der Bundesliga gegebenenfalls die Motivation. Denn das Ziel ist verfehlt. Wozu noch kämpfen?

Auch im privaten Bereich geht dies ganz schnell: Wieso Nichtraucher:in bleiben, wenn man auf einer Party im Suff eine Zigarette geraucht hat? Wieso die Diät weitermachen, wenn man zwischendurch eh ständig „sündigt"? Schließlich ist „doch jetzt eh schon alles zu spät?" Dann fällt es jedem leichter, das süße Schicksal des Verlierers zu wählen.

Konzentriere dich auf den Prozess, nicht das Ziel

Doch was will ich dir hier eigentlich zu Beginn dieses Buches nun mit auf den Weg geben? Dich demotivieren, dass du dir besser gar keine Ziele setzt, weil sie sinnlos sind? Ganz sicher nicht! Im Kern geht es jedoch nicht um Ziele, es geht um Prozesse. Nur in deren Verlauf erreichen wir ein bestimmtes Ziel. Oder eben nicht. Um ein Ziel zu erreichen, solltest du dich vor allem auf den Prozess konzentrieren und auf den Moment: Wie leistest du jetzt gerade das Bestmögliche? Kümmere dich nicht um das Ziel, sondern um Handlungen, die du im Hier und Jetzt sofort angehen kannst.

Du willst deine persönliche und finanzielle Unabhängigkeit erreichen? Was kannst du schon jetzt und im Idealfall, jeden Tag dafür tun? Zum einen dieses Buch von Thomas zu Ende lesen. Denn er beweist durch sein eigenes Beispiel, dass im Leben immer viel mehr möglich ist, als man glaubt.

Als ich Thomas 2013 kennenlernte, hatten er und Christoph Schreiber sich als Ziel gesetzt, dass die erste Conversion und Traffic Konferenz (Contra) ausverkauft und nur mit Top-Speakern besetzt ist. Um dieses „Ziel" zu erreichen, gingen Christoph und er in Vorleistung: Sie gaben etwas, bevor sie etwas forderten. Das war ihre Strategie. Ihr WEG ZUM ZIEL. Auch mir boten sie zunächst die Chance, dass ich mich kostenlos gegenüber 750 Teilnehmern in einem Live-Webinar präsentieren durfte. Sie platzierten mich und meine Eventreihe. Das Webinar war ein voller Erfolg. Zugegeben: Ich war schon vorher intrinsisch motiviert, als Speaker bei der Contra zu sprechen, aber natürlich sagte ich nach dem Webinar meinen Auftritt für die Contra 2013 gerne sofort zu. Die Contra war übrigens auch ausverkauft, was mich damals sehr beeindruckt hat. Wie ihnen dies gelang, verrät Thomas dir ebenfalls später im Buch.

Erst der Sinn, dann die Richtung und dann erst das Ziel

Kurzum: Auch wenn ich mit meiner These „Ziele sind Quatsch" hier vielleicht vermeintlich in eine ganz andere Richtung als Thomas schieße, so sind wir uns im Kern doch einig. Wenn du jemand bist, der vielleicht noch gar nicht weiß, was er in seinem Leben ändern möchte, wohin der Weg gehen soll und was ihm oder ihr für ein vollkommen erfülltes Leben fehlt - ja dann stelle dir zunächst ein paar grundlegende Sinnfragen.

Denn noch wichtiger als die Richtung, in die wir handeln, ist der Sinn unseres Handelns! Denn nur er definiert die Richtung und somit auch die Ziele. Frage dich auch einmal, an welchen Zielen du dir zuletzt die Zähne ausgebissen hast? Woran bist du gescheitert? Übersetze die Gründe für das Scheitern danach in Handlungen: Was musst du konkret und dauerhaft tun, um deine Ziele zu erreichen? Was für ein Mensch musst du dafür werden? Wie lautet deine Unabhängigkeitserklärung? Auf alle diese Fragen geht mein lieber Freund und Kollege Thomas ganz besonders im vierten Kapitel dieses Buches ein.

Und selbst wenn du bereits sehr weit gekommen bist in deinem Leben, aber ein wenig den Sinn deiner Reise aus den Augen verloren hast, dann kann dich dieses Buch wieder an bestimmte Grundsätze erinnern. Außerdem habe ich Thomas immer als sehr praxisbezogenen Menschen kennengelernt, der sofort loslegt und seine Chancen nutzt, um schneller Erfolge zu erreichen. Diese Chance solltest du auch nutzen und seine praxisnahen Beispiele direkt umsetzen. Allen Leser:innen sei hiermit gesagt: Gute Reise - es geht immer weiter! Und nun viel Spaß mit diesem Buch!

Über Dr. Stefan Frädrich

Dr. Stefan Frädrich absolvierte ein Medizinstudium, bevor er sich zum Betriebswirt weiterbildete und Unternehmer wurde. Heute ist er nicht nur professioneller Redner, Coach und Motivationsexperte, sondern auch der Gründer und Kopf hinter dem Weiterbildungsunternehmen Greator. Er und sein Team sind im gesamten deutschsprachigen Raum aktiv und trainieren und motivieren mit ihren Vorträgen und Seminaren Menschen, die aktiv Veränderung leben wollen. Zur Zeit schreibt er an einem neuen Buch...über den Sinn und Unsinn von Zielen.

Einen Vorsprung im Leben hat, wer da anpackt, wo die anderen erst einmal reden.

(John F. Kennedy)

KAPITEL 1

Das Ende vom Anfang

Leichter Nieselregen fällt vom Himmel. Wirklich kein schöner Sonntag. Doch was gleich folgen sollte, wird einfach alles verändern, da war ich mir sicher.

Ich habe viel erlebt in meinem Leben und fühle mich in den meisten Situationen sehr wohl. Drei Monate alleine um die Welt reisen? Kein Problem! Einen Vortrag vor über 2.000 Menschen halten? Auch kein Problem!

Doch jetzt? Mir zitterten die Knie. Der Regen wurde stärker. Wahrlich kein perfekter Moment. Alles war tausendfach durchdacht und einstudiert. Dennoch, mein Puls stieg und ich merkte, wie meine Stimme zu zittern begann. Jetzt zu zögern würde die Situation sehr unangenehm machen. Zögern empfand ich als unangemessen, das war keine Option. Und so kniete ich mich ins nasse Gras und ergriff die Hand meiner Freundin.

Mein Denkvermögen blockierte schlagartig, mein Puls schnellte weiter in die Höhe und meine Stimme war vor Zittern kaum noch zu verstehen. Alle Worte, die ich mir vorher zurecht gelegt hatte, waren verflogen. Doch gewissermaßen ergriff mein Herz die Initiative und sagte, was es zu sagen hatte. Fünf oder sechs gefühlt unendlich lange Sätze mit einer extrem zitternden Stimme.

Dann ging alles ganz schnell: Der Ring, die entscheidende Frage. Und dann war es plötzlich doch ein wahrlich perfekter Moment. Der Regen vergessen, die Nervosität schlug in Emotionen um.

Als ich einige Stunden später zur Ruhe kam, sich langsam die Gedanken setzten und ich alles Revue passieren ließ, kam ich zu dem Entschluss, dass der heutige Tag das Ende vom Anfang ist.

Zu diesem Zeitpunkt bin ich 38 Jahre alt. Bis hierhin hatte ich immer den Eindruck, dass ich etwas aufbauen muss, dass ich nach etwas streben muss. Wenngleich ich den Ausdruck etwas zu müssen hasse – es gab mir Kraft und Motivation, etwas aus meinem Leben zu machen sowie größere Ziele zu erreichen. Aber ich war nie irgendwo „angekommen". Und genau dieses Gefühl empfand ich an jenem Tag. Die Perspektive, als Einzelkämpfer durchs Leben zu schreiten, wurde ersetzt durch eine völlig neue Sicht aufs Leben.

Liebe/r Leser:in, ich weiß nicht, in welcher Situation du bist. Vielleicht kannst du meine Gedanken nachvollziehen, vielleicht hast du Ähnliches schon erlebt. Vielleicht denkst du auch, wie naiv ich sei.

Zu Recht? Vielleicht. Statistisch gesehen wird jede dritte Ehe geschieden. Natürlich weiß ich Bescheid über Statistiken zu Eheschließungen und wie hoch die Erfolgsquote ist. Denn wer mich kennt, weiß, dass ich ein Zahlen-Junkie bin. Daher lass mich dir sagen: Man kann fast jede Statistik auch positiv interpretieren, so auch diese. Seit 2003 sinkt die Scheidungsrate in Deutschland konstant. Also lasst uns doch etwas dafür tun, dass dieser Trend intakt bleibt.

Nicht weil es schwer ist, wagen wir es nicht

Keine Sorge, dies wird kein Beziehungsratgeber. Aber ich möchte euch in den nächsten Kapiteln einiges aus meinem Leben verraten mit dem Ziel, dass du als Leser:in den ein oder anderen Gedanken bzw. Tipp mitnehmen kannst - um das aus deinem Leben zu machen, was dein Leben verdient hat - ein Meisterwerk.

Während meiner Jugend stand auf meinem Schreibtisch eine Karte mit dem Spruch „Nicht weil es schwer ist, wagen wir es nicht, sondern weil wir es nicht wagen, ist es schwer". Es drückte damals meine Situation ganz gut aus: Ich traute mich in vielen Situationen nicht das zu tun, was ich besser hätte tun sollen. Das hübsche Mädchen auf der Party ansprechen? Meinen Job kündigen? Alleine in eine fremde Stadt ziehen? Den klassischen Karriereweg verlassen? Das waren damals riesige Hürden für mich.

Ich besitze diese Karte heute noch, über 20 Jahre später. Aber sie steht nicht mehr auf meinem Schreibtisch, weil ich das für unangemessen halte. Ich bin heute ein völlig anderer Mensch. Der Inhalt und die damit verknüpften Bedenken treffen „null Komma null" auf mich zu. Neue Herausforderungen sind das, was mich heute antreibt und der Kern dessen, über den ich mich identifiziere.

Ein kompletter 180-Grad-Lebenswandel, der so viel Freude, Wohlstand und Glückseligkeit in mein Leben brachte, dass ich es mir zur Aufgabe gemacht habe, möglichst viel von dem, was ich erlebt, getan und verändert habe, für dich als Leser:in niederzuschreiben; In der Hoffnung, du kannst für dich und dein Leben etwas mitnehmen - und hoffentlich sogar etwas an dein Umfeld weitergeben. Denn dein persönliches Umfeld ist ganz entscheidend, aber dazu später mehr.

Dieses Buch wird dich inspirieren, es soll dich motivieren. Es ist der Ausdruck meiner Hoffnung, dass du ein großartiges, erfülltes Leben haben wirst. Wenn du dieses Buch in den Händen hältst, wenn du diese Zeilen liest, dann bist du auf dem Weg dorthin schon ein Stückchen näher, denn es kann der Beginn von einer großartigen Reise sein. Schau auf deinen Kalender und merke dir den heutigen Tag.

Gibt es diesen einen Tag, an dem sich alles im Leben ändert? Mit dieser Frage beschäftigte ich mich vor ein paar Jahren und verfasste dazu ein Buch.

Mit rund 50.000 verkauften Exemplaren war das Interesse größer als ich es je erträumt hatte.

Ja, ich glaube, es gibt Tage in unserem Leben, die alles ändern.

Man denkt dabei nur häufig zuerst an große Schicksalsschläge oder andere Erlebnisse, die von außen ins eigene Leben getragen wurden (z.B. weil du „durch Zufall" deine/n Traumpartner:in getroffen hast oder ein Familienangehöriger verstarb). Ich glaube aber, es sind vielmehr die Tage, an denen wir selber proaktiv Entscheidungen treffen, die maßgeblich unser Leben bestimmen. Schicksalsschläge sind fies, keine Frage. Aber das eigentlich Entscheidende ist, wie wir damit umgehen. Welche eigene Entscheidung ging voraus, sodass es letztlich doch nur so wirkte, als hätten wir „durch einen Zufall" unsere/n Traumpartner:in getroffen?

Entscheidungen sind elementar wichtig, wenn wir etwas aus unserem Leben machen wollen. Das Problem ist nur: Die meisten Menschen treffen nicht gerne Entscheidungen; sie haben Angst davor. Und dies hat in der Konsequenz oft weitere negative Folgen wie z.B. Stress. Dabei treffen wir statistisch gesehen mehr richtige als falsche Entscheidungen – vor allem, wenn wir smart dabei vorgehen.

Erfolgreiche Menschen verbindet daher, dass sie vor allem mehr Entscheidungen treffen – und in der Konsequenz davon somit auch mehr richtige Entscheidungen. Und sie treffen diese häufig schneller - und sparen somit viel Zeit. In der Konsequenz bedeuten also mehr Entscheidungen normalerweise auch mehr Erfolg. (Anmerkung: „Erfolg" ist immer etwas Individuelles. Was man unter „Erfolg" versteht, sollte jeder für sich

> *„Triff mehr Entscheidungen!" Statistisch gesehen treffen wir mehr richtige als falsche Entscheidungen.*

selbst definieren.) Kurz gesagt: Bitte triff mehr Entscheidungen!

Ich traf am 3. Oktober 2005 eine Entscheidung. Das war mein Tag, an dem sich alles änderte. Doch dazu später mehr.

Beweg deinen verdammten Arsch!

Genauso wie die meisten erfolgreichen Menschen habe auch ich verschiedene Glaubenssätze. Und das Wichtigste hier einmal vorab – direkt und geradeaus: Beweg deinen verdammten Arsch! Sorry für die direkte Ausdrucksweise an dieser Stelle.

In den letzten Jahren sind zehntausende Gründer:innen, Gründungsinteressierte und Internet-Unternehmer:innen durch meine Coachings und Seminare gegangen. Dazu zählen auch zahlreiche Student:innenen, die ich im Rahmen meiner Tätigkeit als Gast-Referent an der Fachhochschule der Wirtschaft in NRW, als Dozent der Steinbeis Hochschule Berlin und als Dozent der Junior Management School in Monheim am Rhein begleiten durfte.

Ich habe den Eindruck, ein großer Teil derer ist nur auf der Suche nach einer Wunderpille, die sie über Nacht reich macht. Ein roter Button, den sie nur drücken müssen und der sie dann wohlhabend und schön macht. Ein solcher roter Button, wie ihn die meisten leider von „Das Supertalent" bei RTL kennen. „Leider“ sage ich, weil solche TV-Shows pure Zeitverschwendung sind! Generell ist der Konsum von TV und Netflix pure Zeitverschwendung, zumindest in 98% der Fälle. Sei doch mal ganz ehrlich und überlege, wie viel näher du deinen Zielen und Träumen schon gekommen wärst, wenn du jede Stunde, die du in TV und Netflix gesteckt hättest, in die Verwirklichung deiner Ziele und Träume investiert hättest.

Manche mögen jetzt entgegnen, dass sie das TV brauchen, um vom Alltag abzuschalten, zu entspannen. Was ein Quatsch! Wenn du von etwas abschalten musst, dann gibt es viel sinnvollere Alternativen, z.B. Sport, Yoga, Lesen oder Meditation. Oder noch besser: Behebe die Ursache, warum du überhaupt das Gefühl hast, von irgendetwas abschalten zu müssen.

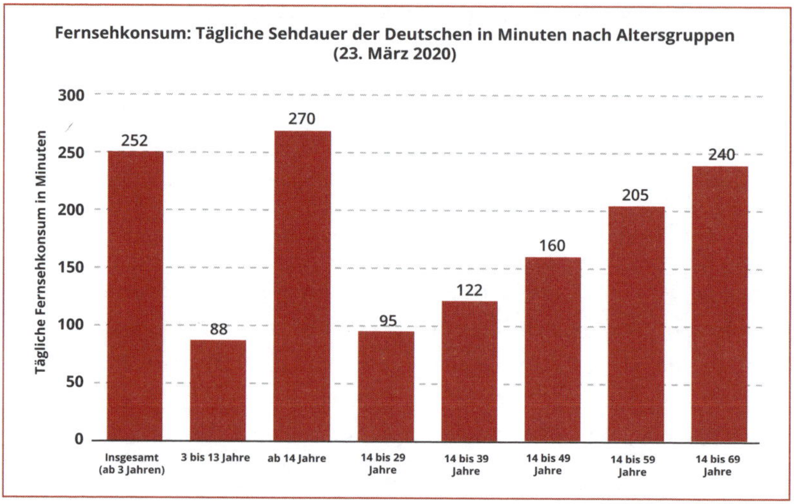

Fernsehkonsum: Tägliche Sehdauer der Deutschen in Minuten nach Altersgruppen; **Quelle:** AGF; GfK; © Statista.com

Wie du weißt, bin ich ein Zahlen-Junkie. Bitte schau dir das hier mal an: Laut AGF/GfK/Statista.com liegt der durchschnittliche Fernsehkonsum bei 252 Minuten pro Tag. Das sind über 4 Stunden täglicher Fernsehkonsum! Und da insbesondere die 3- bis 29-Jährigen diesen Schnitt nach unten drücken, ist der durchschnittliche Fernsehkonsum der Leser:in dieses Buches vermutlich noch höher! Aber immerhin liest du dieses Buch – Gott sei Dank!

Verdammte Scheiße! Über 4 Stunden am Tag im Durchschnitt! Ich möchte denjenigen zurufen: „Leute, bitte wacht auf!"

Angenommen du wärest Selbstständige:r mit einem Stundensatz von 30 €. Statt dein wertvollstes Gut, deine Lebenszeit, mit TV gucken zu verschwenden, nutzt du 50 % dieser Zeit zum Arbeiten, 25 % für Sport und 25 % zum Lesen. Du würdest pro Jahr 23.000 € mehr verdienen, etwa 220.000 kcal durch langsames Joggen verbrennen und etwa 52 Bücher mehr lesen (und etwa nochmal so viele Bücher als Hörbuch beim Sport hören können).

Welchen Effekt hätte das auf dein Leben? Was für einen massiven Impact auf deine Wünsche, Ziele, Träume, Gesundheit, Erfolg, Wissen und Beziehungen? Bitte nimm an dieser Stelle mit: Werde dir bewusst, welchen extrem langfristigen Effekt alle Gewohnheiten und Routinen in deinem Leben haben.

Um das zu verdeutlichen ein Beispiel: Angenommen ein Mensch schaut wie in der o.g. Statistik zu lange Fernsehen, geht zu spät ins Bett und kann schlecht einschlafen. Um das zu kompensieren entscheidet er sich etwas später aufzustehen, verzichtet auf das Frühstück daheim und kauft sich stattdessen beim Bäcker zwei belegte Brötchen und einen Kaffee für 7,95€. Das ist alles überhaupt kein Problem, wenn man das mal so macht, oder?

Aber stell dir vor du arbeitest 40 Jahre lang jeweils 210 Tage pro Jahr und besuchst jeden Tag den Bäcker, weil es für dich völlig normal geworden ist. Dann gibst du in deinem Leben 63.000€ beim Bäcker aus! Aber das Schlimmste kommt noch: Dieses Geld fehlt dir, um smart und clever zu investieren. Der MSCI World Aktienindex ist 1970-2021 inklusive Dividenden durchschnittlich um 7,2% pro Jahr gestiegen! (Der DAX im Zeitraum 2011-2021 sogar insgesamt um 110%.) Wenn du also den Gang zum Bäcker weglässt und stattdessen dieses Geld in Aktien investierst, so ergibt sich mit Zinseszins ein

Weiter jeden Tag zum Bäcker oder zur Rente 350.000 €? Alle deine Gewohnheiten und Routinen haben einen extrem langfristigen Effekt auf dein Leben! Du hast es selbst in der Hand!

Vermögen von rund 350.000 €...das dich dein Besuch beim Bäcker kostet.

Zugegeben, das Beispiel ist stark vereinfacht, vielleicht etwas übertrieben und eine historische Aktienentwicklung kein Garant für die Zukunft. Wir könnten auch noch Steuern, Inflation und tausend andere Faktoren berücksichtigen - aber es veranschaulicht ganz gut, dass uns die unendlich vielen kleinen Dinge im Laufe unseres Lebens ein sehr großes Vermögen kosten ... und vielen fehlt genau dieses Geld im Alter.

Wenn du dieses Beispiel nicht nachvollziehen kannst und selbst noch nicht vermögend bist, dann solltest du dringend an deinem Finanzwissen arbeiten. Klar, Geld alleine macht nicht glücklich, aber es beruhigt doch ungemein. Und wenn wir auf die Zwei-Klassen-Gesellschaft im deutschen Gesundheitssystem schauen, dann glaube zumindest ich, dass Geld auch einen gewissen Einfluss auf unsere Gesundheit (und damit Lebenserwartung) hat. Für den Moment sei noch mal festgehalten: Werde dir bewusst, welchen extrem langfristigen Effekt alle Gewohnheiten und Routinen in deinem Leben haben.

Finanzwissen und derartige Zusammenhänge lernen die wenigsten in unserem klassischen Bildungssystem. Aber statt jetzt nach Ausreden zu suchen, die Politik oder Gesellschaft verantwortlich zu machen, warum wir dieses oder jenes nicht gewusst haben oder noch nicht erreichen konnten (ist für mich nur Blabla und blödes Gerede), lasst uns doch selber mehr Eigenverantwortung übernehmen, die Ärmel hochkrempeln und einfach loslegen. Lasst uns einen Unterschied machen in der Welt - in eurer eigenen, aber auch in der unserer Mitmenschen.

Starte heute die Mission deines Lebens

Und dazu gehört: Beweg deinen verdammten Arsch! Dieser starken Überzeugung bin ich auch vielleicht, weil ich mir alles in meinem Leben selber erarbeiten musste. Doch dazu mehr im nächsten Kapitel.

Jeder ist seines Glückes Schmied!

Ich möchte dir in diesem Buch private Einblicke in mein Leben geben, sodass du auch direkt aus meinen Fehlern lernen kannst. Bitte schreib mir eine Mail, was dieses Buch bei dir bewegt hat. Oder folge mir auf Instagram, um weitere private Einblicke in mein Leben zu erhalten.

team@thomasklussmann.de

@thomas_klussmann

Dieses soll kein „Business-Buch" werden, wie du als Unternehmer:in oder Gründer:in erfolgreich wirst. Aber natürlich soll es dich als „Privatperson" erfolgreich machen. Da es hier viele Schnittmengen gibt und auch viele meiner Leser:innen Unternehmer:in oder Gründer:in sein werden, wird es natürlich immer wieder Beispiele aus dem Business-Bereich geben. Als Unternehmer, ehemaliger Arbeitnehmer, Dozent und Marathonläufer kann ich dir aber versichern, dass die meisten Strategien und Beispiele dieses Buches auf fast alle Lebensbereiche übertragbar sind. Letztendlich streben wahrscheinlich die meisten Leserinnen und Leser dieses Buches nach mehr Freiheit, nach Unabhängigkeit und Wohlstand. Und ein eigenes Online-Business ist natürlich eine fantastische Art, genau dies zu erreichen. In jedem Fall wünsche ich dir viel Spaß beim Durcharbeiten dieses Buches. Und bitte versprich mir eins: **Starte heute die Mission deines Lebens. Gestalte dein Leben aktiv. So, dass es für dich perfekt ist und du stolz und zufrieden darauf zurückblicken kannst.**

Nichts ändert sich, bis man sich selbst ändert.
Und plötzlich ändert sich alles.

KAPITEL 2

Meine UNABHÄNGIGKEITS-ERKLÄRUNG

20 Minuten später und ich wäre am gleichen Tag geboren wie meine geliebte Schwester. Ich bin auf einem Bauernhof aufgewachsen. Unser Dorf hat 35 Häuser. Ich weiß, wie es ist, wenn morgens das Licht nicht angeht, weil der Strom fehlt. Wie es ist, wenn die Heizung nicht anspringt, weil der Heizöltank leer ist. Gefühlt hatte ich als Letzter in Deutschland einen DSL-Internetanschluss, weil wir so abseits wohnten.

Ich musste nie Hunger leiden und bin unendlich dankbar für die Unterstützung, die ich durch meine Mutter und meine beiden älteren Geschwister während meiner Kindheit und Jugend erhalten habe. Mein Vater verstarb, als ich 11 Jahre alt war.

Es ist nicht immer alles einfach im Leben. Das Leben ist eine große Herausforderung. Alles, was ich in meinem Leben erreicht habe oder erreichen wollte, musste ich mir selbst erarbeiten. Mir ist da nichts zugefallen. Was ich dir damit sagen will: Egal wo du jetzt stehst, du kannst und wirst deine Ziele und Träume verwirklichen – wenn du wirklich willst! Es liegt in deiner Hand. Hör endlich auf dir selbst Leid zu tun und pack die Dinge an. Übernimm Eigenverantwortung - für dein Leben!

In meiner Familie hatte bisher niemand einen höheren Bildungsabschluss als einen Realschulabschluss absolviert - und so begann auch ich nach der Grundschule mit der Realschule. Ich war immer lernfaul, hatte es schwer in allen Fächern, die nichts mit Mathe oder Sport zu tun hatten. Nur mit zwei zugedrückten Augen schaffte ich die Versetzung in der achten Klasse. Und dann kam es zum Showdown in der 10. Klasse:

Eigentlich wollte ich weiter aufs Gymnasium, weil ich keinen Plan hatte, was ich sonst hätte tun sollen. Doch dafür brauchte ich einen Q-Vermerk (Anmerkung: In den Fächern Deutsch, Englisch und Mathematik mindestens „befriedigende Leistung" (Note 3). „Ausreichende Leistungen" (Note 4) in einem der 3 Fächer muss durch mindestens „gute Leistungen" (Note 2) in einem anderen dieser Fächer ausgeglichen werden.). In Englisch musste ein „befriedigend" her, meine schlechte Deutschnote konnte ich durch meine Mathenote ausgleichen. Ausgerechnet in Englisch, wo ich die letzten 4 Jahre stets versetzungsgefährdet eine Gratwanderung zur „Mangelhaften Leistung" (Note 5) abgeliefert hatte.

Die entscheidende Englisch-Klausur stand an. Ich war nervös wie nie zuvor. Doch zur richtigen Zeit den richtigen Sitznachbarn zu haben, der zufälligerweise seine Lösungen in meine Blickrichtung dreht, war etwas, dass - ohne zu übertreiben - mein gesamtes weiteres Leben veränderte. Ohne meinen damaligen Kumpel Hasan hätte ich den Q-Vermerk nicht gepackt - und alles, was in diesem Buch jetzt folgt, wäre wahrscheinlich nie passiert. Wie knapp das damals war, ist mir allerdings erst Jahre später bewusst geworden. Ich war damals 16 Jahre alt. Ich ging also zum Gymnasium und machte mein Abitur mit Schwerpunkt Wirtschaft. Es schlossen sich Zivildienst im Krankenhaus sowie eine Berufsausbildung als Industriekaufmann an. Ich schloss mit NRW-Bestleistung ab und wurde unbefristet in meinem Ausbildungsunternehmen übernommen. Spätestens zu diesem Zeitpunkt hätte auffallen können, dass in mir größeres Potenzial schlummerte. Doch es sollte vier weitere Jahre dauern, bis jemand dieses Potenzial in mir erkannte und mich förderte.

Nach meiner Ausbildung war ich für das Produktmarketing von Zahnbohrern, Endodontiegeräten und Zahnimplantaten verantwortlich. Ein super Unternehmen, tolle Kollegen, ein sicherer und solide bezahlter Arbeitsplatz. Ich hätte dort alt werden können, vielleicht sogar bis zur Rente. Doch in mir entwickelte sich die Motivation, „mehr" zu wollen. Abitur, Zivildienst, Ausbildung, Job - ich hatte immer etwas angestrebt. War das jetzt das Ende meines Weges? War ich am Ziel?

Ich dachte ein paar Monate über meine neue Situation und die angebliche Freiheit nach, die ich durch die Erreichung meines Ziels vermeintlich gewonnen hatte. Bildlich gesprochen konnte ich nach einiger Zeit „den Tellerrand" entdecken. Ich war überrascht, wusste gar nicht, dass es diesen gab. Immer stärker und stärker wuchs in mir der Wunsch nach neuen Zielen und Herausforderungen.

Ich fasste den Entschluss, meinen Weg mit einem Studium fortzusetzen. Niemand in meiner Familie hat zuvor studiert. Doch ich wollte das Erreichte nicht wegwerfen, sondern berufsbegleitend meinen Bachelor machen. Also bat ich meinen Chef, mich bei der Mission zu unterstützen und meine Arbeitszeit sowie Gehalt von einer 5- auf eine 4-Tage-Woche herab zu stufen - schließlich würde ja auch das Unternehmen und seine Abteilung davon profitieren. Doch er lehnte eine Reduktion um 20% strikt ab. Ohne große Begründung, einfach so. Er war der Chef. Ich war dermaßen schockiert und erbost, dass ich meinen Job kündigte. Und ich merkte und lernte, wie viel Energie und Mut es einem geben kann, wenn man ein Ziel klar fokussiert.

Ich begann mein Studium erst mit 25 Jahren. Ein Alter, in dem viele schon ihren Masterabschluss in der Tasche haben. Der Gesichtsausdruck meiner Mutter, als ich ihr sagte, ich würde meine unbefristete und sichere Festanstellung kündigen, um ein Studium zu beginnen, war von Angst geprägt. Ich kann das verstehen. Eltern möchten ihre Kinder meistens erstmal in Sicherheit wissen. Doch rückblickend betrachtet, war es die vielleicht wichtigste und beste Entscheidung in meinem Leben; getrieben von Mut, Hoffnung und der Neugier, die Welt zu erkunden.

Bis 2010 hatte ich niemanden in meinem Umfeld, der meine persönlichen Stärken wirklich erkannte und förderte. Bis 2005 hatte ich nicht mal das Bewusstsein, dass es so etwas wie Persönlichkeitsentwicklung, Selbstverwirklichung oder einen Tellerrand gibt. Ich weiß nicht, wann dir diese Erkenntnis kam - vielleicht auch erst jetzt mit diesen Zeilen - aber ich glaube inständig, dass du unmöglich geglaubte Ziele erreichen kannst, wenn du wirklich deinen vollen Fokus darauf ausrichtest.

Der Tag, an dem sich alles änderte

Rückblickend betrachtet haben wir alle in unserem Leben den Tag, an dem sich alles änderte. Normalerweise sind es sogar mehrere Tage. Das Sicherste im Leben ist die Veränderung. Alles wird sich früher oder später ändern.

Von meiner damaligen Freundin Anna erhielt ich 2008 eine sehr schöne Geschichte, die zugleich auch traurig und nachdenklich macht: „Der Zug des Lebens". Diese Geschichte vergleicht das Leben mit einer Zugfahrt. Sie spricht einem aber auch Mut zu. Wenn du die Geschichte noch nicht kennst, solltest du sie dir jetzt hier bei YouTube ansehen:
▶ www.digitalbeat.de/zugdeslebens

Es ist also klar, dass Veränderungen in unserem Leben passieren. Das war immer so – und wird immer so bleiben. Veränderungen wie z. B. der Tod eines Familienangehörigen (oder die Geburt eines Kindes), der Verlust eines Jobs (oder ein neuer Job), die Trennung von einem Partner (oder ein neuer Partner), ein Umzug in eine andere Stadt, etc.

Der Unterschied ist nur, dass es Veränderungen im Leben gibt, die wir nicht beeinflussen können – und dass es Veränderungen gibt, die wir ganz bewusst beeinflussen können. Du hältst immer noch dieses Buch in den Händen und willst ganz offensichtlich etwas zum Positiven ändern.

Was ich nicht in meinem Leben beeinflussen konnte, war logischerweise mein Geburtsort. Dass ich auf einem Bauernhof aufwuchs, dass mein Vater früh verstarb. Manchmal gibst du alles im Leben, z. B. um deinen Job zu retten oder eine Beziehung zu einer Person, die du über alles liebst. Manchmal reicht es nicht, alles zu geben und du bist gezwungen, mit der Veränderung zu leben. Das ist der Zug des Lebens. Wir können nicht jedes Ereignis in unserem Leben kontrollieren, aber wir können beeinflussen, was wir mit Blick auf diese Ereignisse glauben, fühlen und denken! Und wir können die Handlungen, die wir danach realisieren, selbst bestimmen. Wir können Veränderungen bewusst herbeiführen und beeinflussen. Ein Studium zu beginnen, eine Weltreise zu machen, eine Firma zu gründen, nach Köln umzuziehen – das waren alles bewusste Entscheidungen von mir, die nachhaltig mein Leben positiv verändert haben.

> *Veränderungen gehören zum Leben. Manche von ihnen können wir nicht beeinflussen, andere hingegen durchaus und vielleicht sogar bewusst herbeiführen. Entscheidend ist, was wir mit Blick auf diese Ereignisse glauben, fühlen und denken.*

Doch es gab einen Tag in meinem Leben, an dem der Stein ins Rollen kam. Hier ein Zitat aus meinem privaten Facebook-Profil vom 21. November 2016:

Am 3. Oktober 2005 bestellte ich ein Buch, welches ich während meines Gran Canaria Urlaubs „verschlang". Rückblickend betrachtet war es dieses Buch, das mich zu einem erfolgshungrigen Lebenswandel inspirierte. Infolgedessen beendete ich meine Ausbildung, kündigte meinen Job, begann ein Studium und gründete 7 Unternehmen (wovon 2 wieder verkauft wurden).

Die Rede ist von „simplify your life: Einfacher und glücklicher leben" von Wer-

ner Tiki Küstenmacher und Prof. Dr. Lothar Seiwert. Und danach lebe ich noch heute. Danke an diejenigen, die ein ehrlicher Bestandteil davon sind.

Vor 30 Minuten, über 11 Jahre, nachdem ich das Buch gelesen hatte, bekam ich die Zusage, dass Prof. Seiwert auf meiner Konferenz sprechen wird. Nicht weil wir ihm dafür Geld zahlen, sondern weil er Lust darauf hat.

Es ist nicht das Geld, es sind nicht teure Klamotten oder Autos. Es sind solche Momente, die mein Herz höher schlagen lassen – und mir Freudentränen ins Gesicht zaubern.

Gib immer 100 %. Für deine Träume. Für dein Leben.

Am 14. Januar 2017 durfte ich mich dann persönlich bei Prof. Dr. Lothar Seiwert dafür bedanken, als er auf unserer Konferenz „Gipfeltreffen“ als Referent auftrat. Das war zugleich der Beginn einer großartigen Geschäftspartnerschaft. 2020 folgte dann der Ritterschlag. Prof. Dr. Seiwert sagte über mich, ich sei „Die Nr. 1 für digitale Geschäftsmodelle in Deutschland”.

Doch was sein Buch ursprünglich bei mir in Gang setzte, war eine phantastische Reise mit unfassbar vielen Erfahrungen. Bitte versteh mich nicht falsch, der Weg war holprig und steinig. Doch ich möchte dir Mut zusprechen. Mir bedeutete es sehr viel, mich persönlich bei Prof. Seiwert zu bedanken, dass er bei mir den Stein ins Rollen gebracht hat. Auch wenn es „nur” sein Buch war, aber der 3. Oktober 2005 war der Tag, an dem sich alles änderte.

Daher bin ich auch sehr glücklich, dass er sich bereit erklärt hat, einen Gastbeitrag für dieses Buch zur Verfügung zu stellen: „Rhythmusmanagement ist das neue Zeitmanagement.” In diesem Beitrag erfährst du, warum es so wichtig ist, das eigene Leben mit den natürlichen Intervallen in Einklang zu bringen. Du findest seinen Beitrag im Kapitel 9.

Erfolg kommt nicht über Nacht! Es dauerte nach dem Buch 2 Jahre bis ich meinen Job kündigte, 5 Jahre bis ich meine erste Firma gründete und 8 Jahre bis ich meinen Sinn des Lebens fand. Die meisten Menschen überschätzen, was sie in einer Woche oder einem Monat schaffen können, aber sie unterschätzen meistens, was in einem längeren Zeitraum von mehr als einem Jahr möglich ist.

Doch noch mal zurück in meine Kindheit: Im Sommer 1993, ich war damals gerade 11 Jahre alt, startete ich mit „meinem 5-Mann-Team" einen Brötchen-Lieferservice in unserem Dorf. Freitags sammelten wir Brötchen-Bestellungen ein, Samstag in der Früh lieferten wir sie aus. Wir verkauften uns völlig unter Wert, aber das Trinkgeld war dafür üppig. 1997 kaufte ich im Großhandel Dauerlutscher für 0,10 DM das Stück und verkaufte sie mit 400% Gewinnmarge auf dem Schulhof. Ab 1998 ergänzte ich saisonal das Sortiment um Silvester-Böller. Damals war ich 16 und zog den vollen Zorn des Schulleiters auf mich. Aber ich war smart, fungierte ab sofort nur noch als anonymer Lieferant und ließ andere den Schulhof-Verkauf machen. Ewig ging das aber leider auch nicht gut.

Im gleichen Jahr bekam ich einen Internet-Anschluss – und das veränderte alles. Ich wurde Pionier für das, was man heute „elektronischen Sport" nennt und täglich von hunderttausenden auf Streaming-Plattformen wie Twitch konsumiert wird. Ich gründete Teams, veranstaltete Turniere, akquirierte Sponsoren und gewann sogar einen Award als Redakteur. Doch der große Durchbruch blieb aus. Ich beendete diese Episode und fokussierte mich auf die „echte Welt": Wie du schon weißt - ich machte mein Abitur, Zivildienst und schloss eine kaufmännische Ausbildung ab.

Herausforderung: Das Unmögliche ist oft nur das unversucht gebliebene.

Sinn und Unsinn meines 27.000€ - Studiums

2007 begann ich mein Studium in Business Administration und Vertriebsmanagement in Paderborn, welches ich 2010 mit der Note 1,9 abschloss. Das war der Moment, auf den ich mich davor immer gefreut hatte: Ab diesem Punkt musste ich nie wieder mein miserables Abiturzeugnis vorlegen, da ich ja mein Bachelor-Zeugnis hatte. Und ich schrieb dutzende Bewerbungen nach meinem Abitur (um eine Ausbildung zu bekommen) und während des Studiums (um Praktika zu bekommen). Ironischerweise habe ich mein Bachelor-Zeugnis bisher nie jemandem vorlegen müssen.

Das Studium war vom Inhalt her komplett wertlos für mich. Dazu betrugen die Studiengebühren knapp 27.000 €. Doch ich konnte abseits der Vorlesungen vier wichtige Erkenntnisse gewinnen, welche mein Leben verändern sollten:

1. Ehemalige Kommilitonen:

Bei einem Treffen unter ehemaligen Kommilitonen wurde deutlich, worauf diese scheinbar besonders Wert legen: Viele Mitarbeiter unter sich und einen möglichst fetten Dienstwagen. Ein Audi A6 musste es da schon sein. Mir hingegen ist es wichtig, mein eigener Chef zu sein, mich selbst zu verwirklichen und möglichst viele Menschen damit zu unterstützen.

Man sei der Durchschnitt der 5 Menschen, mit denen man sich die meiste Zeit umgibt. Diesem Spruch messe ich eine hohe Bedeutung bei. Kein Wunder, dass ich keinen Kontakt mehr zu meinen Kommilitonen habe. Ich halte diesen Punkt für so wichtig, dass ich ihm ein eigenes Kapitel gewidmet habe (Kapitel 3).

Um einen Schritt weiter zu gehen: Nur wenige Menschen aus meiner „Vergangenheit“ sind heute noch Teil meiner „Gegenwart“. Aber die Menschen die es sind, schätze ich dafür umso mehr. Danke an alle, die das hier lesen und ein Teil davon sind. Ihr bedeutet die Welt für mich.

2. Erfahrungen und Praktika:
Vor und während des Studiums machte ich u. a. Praktika für 7 verschiedene Unternehmen. Ich wusste danach zumindest ziemlich genau, was ich nicht wollte. Bringt es einen weiter zu wissen, was man nicht will? Ich finde schon. Zumindest bis zu einem gewissen Punkt.

3. Persönlicher Mentor:
Als ich 2010 Prof. Dr. Oliver Pott kennenlernte, war mir nicht bewusst, was ein „Mentor“ ist. Doch ich hatte das große Glück, mit ihm meinen ersten wirklichen Förderer kennenzulernen, der mein Potenzial erkannte und mich stets zu neuen Herausforderungen motivierte. Von ihm lernte ich in Rekordgeschwindigkeit, was es bedarf, um ein erfolgreicher Internet-Unternehmer zu sein. Doch dazu mehr im nächsten Kapitel.

4. Indien & Australien:
Aus meiner Kindheit kannte ich die Ostsee. Das Örtchen „Dahme“ kenne ich in- und auswendig. Über ein dutzend Mal war ich dort. Jahr für Jahr. Die Türkei und Gran Canaria waren die Grenzen meines Horizontes bis Oktober 2009. Doch mein Studium ermöglichte mir erstmals eine Studienexkursion nach Indien.

Dort lernte ich u.a. auch Falk kennen. Ein unglaublich smarter Typ mit klaren Prinzipien. Wissbegierig, strebsam, umsetzungsstark. Keiner von diesen Schaumschlägertypen, jemand der zu seinen Worten stand und Taten folgen ließ. Einer der wenigen Amateur-Pokerspieler, die ich für ihren Spielstil respektieren konnte. Falk entwickelte später das Produkt „Die Ninja-Rente” für mich, weihte mich in die Thematik der Frugalität ein, ist selbst ein erfolgreicher Unternehmer und durfte auch auf meinem Junggesellenabschied natürlich nicht fehlen.

Doch auch abseits von Falk wurde mir erst 2013 bewusst, wie sehr diese Indien-Exkursion im Jahr 2009 mein Leben verändert hat. Dazu ausführlicher in den nächsten Kapiteln.

Mein Studium ermöglichte mir auch einen Auslandsaufenthalt in Australien. Ich liebe Australien. Es hat mein Leben verändert. Ich war dort im November/Dezember 2009 und im Rahmen meiner Weltreise 2014. Meine dritte Australien-Reise platze 2020 und leider auch 2021, da Australien coronabedingt die Grenzen rigoros schloss.

Wenn man Menschen fragt, welche Orte sie auf der Welt am meisten „lieben", dann ist die Antwort meistens immer verbunden mit einer Emotion als Grund. Meine klare Nummer eins ist Australien. Dieses Gefühl im November 2009 in Sydney aus dem Flugzeug zu steigen und meinen Fuß auf ein Stück Land zu setzen, welches sich ziemlich genau auf der anderen Seite der Weltkugel befindet, lässt mich noch heute erzittern. In Sydney habe ich wundervolle Menschen kennengelernt. Deshalb ist Sydney meine #1. Melbourne ist ebenfalls eine australische Metropole. Aber ich habe kaum eine emotionale Verbindung, habe dort niemand Besonderen kennengelernt. Eher im Gegenteil: Aus Kostengründen übernachtete ich damals in Hostels und mit mir im Zimmer schlief ein Australier, der nachts um 3 Uhr zu Gott betete, schnarchte wie ein Mähdrescher und mir am nächsten Morgen erklärte, dass die Welt untergehen wird. Leider (oder zum Glück?) habe ich mir nicht gemerkt, in welchem Jahr das passieren soll.

Doch ausgerechnet in Melbourne fasste ich im November 2009 den Entschluss zu dem Leben, das ich heute lebe. Von den Eindrücken in Australien war ich so unfassbar inspiriert und motiviert. Ich wollte mein Leben weiter planen und selbst in die Hand nehmen. Und ich tat es auch. Bitte übernimm auch du Verantwortung für dein Leben! Nimm es in die Hand und mache ein Meisterwerk daraus.

Kapitel 2

The Winner's Bible

Ich weiß noch genau, wie ich in einer Buchhandlung stand und mir das Buch „The Winner's Bible“ kaufte. Ich habe es nie gelesen und nur wegen des Titels gekauft. Dazu kaufte ich mir einen leeren Block sowie einen Kugelschreiber. Ich setzte mich zum Sonnenuntergang an das Flussufer des Yarra Rivers in Melbourne und schrieb alle Gedanken auf, die mir durch den Kopf schossen. Wer ich bin, was ich will, was ich nicht will, was ich kann, wohin ich möchte. Ich suchte Antworten auf alle Fragen.

Jahre später wurde mir klar: Ich hatte alle Antworten! Mir fehlten jedoch noch die wichtigsten Fragen. Unter anderem die Fragen nach dem „Warum?“ und „Mit wem?“. Doch die Antworten auf die Fragen, die ich hatte, halfen mir weiter. Wie ich später lernte – und dir hier mitgeben möchte – geht es im Leben nicht primär darum, die richtigen Antworten zu finden. Erstmal ist es wichtig, die richtigen Fragen zu stellen.

Eine zentrale Erkenntnis: Ich hatte die Selbsteinschätzung, dass ich extrem schlecht intrinsisch, also von innen heraus, motiviert sei und damit denkbar schlecht für eine Tätigkeit als Selbstständiger oder Gründer gemacht sei. Ich fand heraus, dass das kompletter Unfug war. Ich hatte wenig intrinsische Motivation und keine Disziplin für Dinge, die mir keine Freude bereiteten, dessen Sinn ich nicht erkannte, die mir von anderen aufgetragen wurden, wie z. B. jede Woche (statt jede zweite Woche) den Rasen zu mähen, für Klausuren zu lernen oder das Zimmer aufzuräumen.

Doch wenn mich etwas begeisterte, dann war ich großartig darin. Ich übernahm 2003 mit 21 Jahren die Verwaltung unseres land- und forstwirtschaftlichen Betriebs inkl. der Eigenjagd, welche uns mein Vater hinterlassen hatte. Ich war z. B. grandios schlecht darin, mich um die Instandhaltung der Flächen außerhalb des Hauses zu kümmern (Gott sei Dank eine Stärke meiner Mutter), aber ich war grandios darin, mich um die ganze

Buchführung und den bürokratischen Wahnsinn zu kümmern. Ich erfasste jeden Euro, der dem Firmenkonto zu- oder abfloss in einer Excel-Tabelle. Selbst auf meinem Privatkonto erfasste ich jeden Euro. Ich erstellte Statistiken, Cashflow-Übersichten, optimierte Einnahmen und Ausgaben.

Zurück zum Ufer des Yarra Rivers in Melbourne. Ich war im vorletzten Semester meines BWL-Studiums, meine berufliche Zukunft stand bevor. Doch ich fasste den Entschluss, nicht als Lohnsklave nach meinem Studium für ein großes Unternehmen als Konzernsoldat in den Krieg zu ziehen, um an Stammtischen mit meinem geilen Dienstwagen prahlen zu können. Ich wollte etwas gründen, hatte jedoch keine Ahnung was. Aber ich wollte etwas Eigenes aufbauen. Mich faszinierte die Herausforderung. Warum sonst übernimmt man mit 21 Jahren die Verwaltung eines land- und forstwirtschaftlichen Betriebs? Noch heute ist mein Leben durch Herausforderungen geprägt. Manchmal bin ich mir nicht sicher, ob das eine gute Eigenschaft ist. Aber eine solche Motivation bringt dich zum Starten. Durchhaltevermögen ist anschließend das Thema – darüber sprechen wir später noch separat.

Das Ende meiner Poker-Karriere

Am 19. Dezember 2009 beendete ich meine Poker-Karriere auf dem Höhepunkt. Von April 2007 bis zu diesem Tag spielte ich semiprofessionell Online-Poker, um mir damit mein Studium zu finanzieren. Zusätzlich reichte es noch für ein neues Auto, einen Audi A3. Für die Insider unter euch: Ich spielte NL100 ShortHanded, bis zu 10 Tische gleichzeitig.

Mitte Dezember war ich zu Gast bei Freunden in Adelaide (Australien). Wir gingen einige Abende ins Casino. Das war in Adelaide besonders profitabel, weil das Casino dort einen direkten Zugang zum Restaurant, einer Bar und einer Diskothek hatte. Anders ausgedrückt: Viele Angetrunkene hatten einfachen Zugang zu den Pokertischen, um dort aus purer Freude 100 $ zu verzocken.

Ich zockte aber nicht, ich hatte mein System. Ich saß dort 11 Stunden am Tisch, trank Unmengen an Cola und wartete, dass man das Geld zu mir rüber schob. Um 5 Uhr morgens schloss das Casino. Meine Bahn fuhr erst um 7 Uhr. Also hatte ich 2 Stunden zu überbrücken und feierte den Gewinn auf meine Art: Ich gönnte mir 2 McFlurry bei McDonalds. Und kaufte mir anschließend für 2,90 $ ein Bahnticket, statt den Heimweg „standesgemäß" mit dem Taxi anzutreten. Ich hatte in dieser Nacht mehr Geld mit Poker gewonnen, als mein 6-wöchiger Australientrip insgesamt gekostet hatte. Das war ein guter Schlusspunkt meiner „Poker-Karriere". Ich musste ihn setzen. Zum einen weil der Pokerhype (der das profitable Geld brachte) fast vorbei war, zum anderen, weil ich meinen persönlichen Fokus brauchte, um meine kurz zuvor in Melbourne gesetzten Ziele zu realisieren. Fokus ist ohnehin etwas extrem Wichtiges - auch darüber werden wir später noch mal ausführlich sprechen.

Poker ist nichts, was sonderlich attraktiv auf Frauen wirkt. Aber es hat mich vieles gelehrt. Unter anderem, mich selbst zu beherrschen, aber auch Emotionen zu unterdrücken. Letzteres ist nicht unbedingt eine positive Eigenschaft, aber es hat mir erste Einblicke in die Psychologie der Menschen gegeben. Und mir gezeigt, wie man mit Verlusten und Rückschlägen umgehen sollte.

Zur Erklärung: Beim Pokern ist kurzfristig vieles vom Glück abhängig. Langfristig ist es pures Können. In 53 % der Fälle gewinne ich, in 47 % der Fälle verliere ich. Vereinfacht ausgedrückt: In einem Monat gab es etwa 16 Tage, an denen ich 500 $ gewonnen habe und etwa 14 Tage, an denen ich 500 $ verloren habe. Dazu kommt meist noch ein Bonus fürs viele Spielen vom Casino in Höhe von 1000 $ pro Monat. Unterm Strich standen (vereinfacht) 2.000 $ Gewinn. Aber psychologisch wirken Verluste doppelt so stark wie Gewinne. Gefühlt habe ich also an 16 Tagen gewonnen und an 28 Tagen verloren. 2.000 $ Monatsgewinn fühlten sich also wie eine riesige Niederlage an. Es ist nicht so einfach, damit richtig umzugehen.

Am 24. Dezember 2009 flog ich zurück aus dem australischen Sommer in den deutschen Winter. Um den Koffer schließen zu können, hatte ich 6 Wochen zuvor meine Jacke neben einer Mülltonne am Frankfurter Flughafen deponiert. Die war dann allerdings nicht mehr da. +35 Grad in Adelaide (Australien), -3 Grad in Frankfurt. Braungebrannt und mit 2 Pullovern übereinander stand ich ziemlich dämlich am Bahnhof. Letztlich aber glücklich und pünktlich zum Weihnachtsfest bei meiner Familie.

Die darauffolgenden Wochen waren nicht einfach für meine engsten Freunde, da ich zu jeder Gelegenheit über Geschäftsideen diskutieren und philosophieren wollte. Es brauchte über ein Jahr, bis ich merkte, dass es total sinnlos ist, mit Menschen über Geschäftsideen zu diskutieren, die selbst nie ein Startup aufgebaut haben. Diesen Tipp solltest du beherzigen, wenn du jemals etwas aufbauen willst.

Auf der Startlinie: Mein erster Gewerbeantrag

Meinen Gewerbeantrag stellte ich am 15.01.2010. Genau 3 Wochen nachdem ich aus Australien zurück war. Damals entschloss ich mich, einen Online-Shop für Uhren aufzubauen. Der Markt sei Milliarden groß. Wie dumm diese Idee war, merkte ich erst später. Aber ich sammelte wertvolle Erfahrung. Meine erste Uhr besaß ich übrigens erst 2013, also 3 Jahre nachdem ich meinen Uhren-Shop gründete bzw. 2,5 Jahre, nachdem ich ihn wieder plattgemacht hatte – soweit war ich von der Thematik „Uhren“ inhaltlich entfernt.

Aber ich wollte etwas aufbauen, das war die Herausforderung, das war die Motivation dahinter. Danke an meinen Kumpel Stefan, der mir das erste und nachfolgende Layout für diesen Shop baute.

Die erste Version meines Online-Uhren-Shops

Der Gewerbeantrag brachte später aus umsatzsteuerlicher Sicht meinen land- und forstwirtschaftlichen Betrieb in eine finanziell ungünstige Situation. Doch mein Steuerberater konnte den Schaden eingrenzen. Rückblickend betrachtet war diese Erfahrung jedoch jeden Cent wert.

Den Uhren-Shop baute ich parallel zu meinem Studium auf. Ich saß in den Vorlesungen genauso wie meine Kommilitonen, nur dass sie der Vorlesung folgten (schließlich bezahlte Papa meist das Studium) oder Handyspiele spielten, während ich parallel Artikel in meinem Shop bearbeitete, Rechnungen schrieb oder Versandaufträge erteilte. Manche fanden das sonderbar, manche hatten sich daran gewöhnt. Denn schließlich hatte ich schon 2008 während der Vorlesungen Online-Poker gespielt, um meine Studiengebühren zu finanzieren. Ja okay, das war wirklich sonderbar :-).

Der Shop war finanziell derart erfolglos, dass ich kaum meine Miete davon bezahlen konnte. Wenige hundert Euro blieben übrig. Doch er eröffnete mir eine neue Welt – und ich lernte darüber Prof. Dr. Oliver Pott kennen, der als Professor für Entrepreneurship meine Bachelorarbeit betreuen sollte. Kurz zusammengefasst: Noch im April 2010 begann ich, in Olivers Firma zu arbeiten (mein Studium ging noch bis September). Aufgrund meiner Erfolgsbeteiligung dort waren die paar hundert Euro aus dem Online-Shop bald nur noch Peanuts – ich machte den Shop dicht und fokussierte mich auf meinen neuen Job.

> *Es sind die Menschen in deinem Leben, die dein Leben lebenswert machen.*

KAPITEL 3

Die Menschen in deinem persönlichen Umfeld

Du bist der Durchschnitt der fünf Menschen, mit denen du die meiste Zeit verbringst. So sagt man. Ich glaube wirklich sehr an diese These, weil man sich bewusst oder unbewusst an diese Menschen anpasst.

Ich möchte ganz ehrlich zu dir sein: Ich habe in meinem Leben sehr bewusst Distanz zu Menschen aufgebaut oder mich von ihnen getrennt, weil es einfach nicht passte, da sie mich Energie gekostet haben. Sei es, weil sie unehrlich waren, unzuverlässig, eine grundsätzlich negative Einstellung hatten, es ständig Probleme gab oder mich verletzt haben. Teilweise waren die Interessen / Gesprächsthemen / Hobbies auch einfach zu unterschiedlich, sowohl privat als auch beruflich.

Ganz bewusst habe ich aber auch Nähe zu Menschen aufgebaut oder bestehende Beziehungen intensiviert, weil es zuverlässige Menschen waren mit einer positiven Lebenseinstellung. Menschen, die mich nicht so einfach fallen lassen würden, die etwas bewegen wollen in ihrem Leben, die Farbe in mein Leben brachten. Keiner meiner Freunde schaut 4 Stunden Fernsehen am Tag.

Lektion 1: Erkenne und vermeide Energievampire!

Auf deinem Weg, deine Träume zu realisieren und Ziele zu erreichen, solltest du unbedingt sogenannte „Energievampire" meiden. Diese vergeuden deine Zeit, ziehen dich runter und oftmals tun sie alles, um dich von deinem Weg abzubringen.

Dies darf man ihnen auch nicht grundsätzlich übel nehmen. Menschen, die dich aufhalten und versuchen, dich von deinem „neuen unsicheren Weg" abzubringen, wollen dich beschützen und vor allem wollen sie dich nicht verlieren. Sie sind aber selbst nicht bereit, ihre Komfortzone zu verlassen.

Lektion 2: Positive Menschen inspirieren und motivieren dich!

Wer sind deine 5 Personen, mit denen du dich gerne umgeben möchtest? Wie würde sich dein Leben verändern, wenn du mehr so werden würdest wie sie? Das passiert nicht von heute auf morgen! Und bitte versteh mich nicht falsch: Es geht hier nicht darum, dass du so wirst wie jemand anderes! Aber wenn du erfolgreiche Personen an deiner Seite hast, die dich motivieren, die vielleicht schon das erreicht haben, was auch du erreichen möchtest, dann werden dich diese Personen unweigerlich „mitziehen". Schließe dich mit Gleichgesinnten zusammen.

Man kann bei Facebook Werbeanzeigen an die Freunde von den Menschen schalten, denen deine Seite gefällt. Warum gibt es diese Funktion überhaupt? Weil sie funktioniert! Und sie funktioniert, weil Menschen auf Basis der o. g. Erkenntnis oft so sind wie deren Freunde (= persönliches Umfeld). Sportler:innen haben deshalb oft andere Sportler:innen als Freunde. Unternehmer:innen kennen oft andere Unternehmer:innen und Ärzt:innen kennen viele andere Ärzt:innen usw. Du wunderst dich über die vielen Stimmen bei der Bundestagswahl für die „AFD", weil du selber keinen/kaum eine/n AFD-Wähler:in kennst? Jetzt weißt du, warum das so ist.

> *Du bist der Durchschnitt der fünf Menschen, mit denen du die meiste Zeit verbringst.*
>
> 1. *Erkenne und vermeide Energievampire!*
> 2. *Positive Menschen inspirieren und motivieren!*

Sei kein/e Egoist:in. Brich nicht den

Kontakt zu Menschen ab, nur weil sie deinem Erfolg momentan nicht dienlich sind. So ist das hier nicht gemeint. Aber bedenke hier und da, welche langfristigen Auswirkungen dein persönliches Umfeld haben wird.

Im Folgenden möchte ich dir einige Menschen aus meinem eigenen Umfeld vorstellen. Die Reihenfolge ist zufällig und hat nichts mit deren Bedeutung oder Wertschätzung zutun.

Mach dich auf die Suche nach einem/einer Mentor:in

In meinem Leben habe ich 3 Jahre für mein Abitur mit Schwerpunkt Wirtschaft gebraucht, 3 Jahre für meine Ausbildung zum Industriekaufmann und 3 Jahre für mein BWL-Studium. Im April 2010 begann ich meinen neuen Job unter Prof. Dr. Oliver Pott. Und ich hab dort in den ersten 3 Wochen wesentlich mehr gelernt, als in 9 Jahren Abitur, Ausbildung und Studium zusammen!

Damals wusste ich nicht, was eine/r Mentor:in ist. Aber mit Oliver hatte ich erstmals jemanden, der mich aktiv gefördert (und gefordert) hat. Klar, ich war sein Mitarbeiter und er hatte einen persönlichen (finanziellen) Nutzen daraus – aber die etlichen anderen Chefs vor ihm förderten mich nicht derart gezielt.

Ich durfte sehr eng mit ihm zusammenarbeiten. Die ersten Monate habe ich im Keller seines Wohnhauses gearbeitet (keine Sorge, es war ein luxuriös ausgebauter Keller) und habe dadurch unfassbar viel lernen dürfen. Ich durfte unzählige positive wie negative Erfahrungen machen, wofür ich ihm heute sehr dankbar bin.

In „Erfolgsbüchern" liest man immer wieder, dass man wichtige sowie ungeliebte Aufgaben als erstes am Tag erledigen sollte. Das kann soweit hoffentlich jeder nachvollziehen. Aber Hand aufs Herz. Wer steht morgens auf und macht als erstes die unbeliebtesten Aufgaben? Quasi niemand.

Olivers ungebremste Selbstdisziplin prägte mich. Er stand morgens um 6 Uhr auf und erledigte zuerst die Aufgaben, auf die er am wenigsten Lust hatte. Dieses Glücksgefühl so früh am Tag, die unliebsamen Aufgaben erledigt zu haben, nahm er mit, um anschließend seine wichtigsten Aufgaben zu erledigen. Ohne zu übertreiben: An einem Montagmittag hatte er mehr erledigt als die meisten Menschen in einer ganzen Woche. Bis heute habe ich niemanden kennengelernt, der derart effizient, diszipliniert und produktiv arbeitet wie Oliver.

An diesen Zeilen erkennst du als Leser:in, wie viel es mir bedeutet, dass Oliver sich bereit erklärt hat, ein wertvolles Kapitel zu diesem Buch beizusteuern - und ich kann es dir wirklich nur ans Herz legen, weil auch Oliver viele Menschen erfolgreich inspiriert. Aber er hat sich nicht einfach nur bereiterklärt: An einem Montag um 13:56 Uhr schickte ich ihm eine 5-Minuten-Whatsapp-Sprachnachricht mit meiner Bitte, Teil meines Buches zu werden. Um 14:11 Uhr, nur 15 Minuten später, hatte ich seine klare und präzise Zusage - und zwei Tage darauf lieferte er sein Kapitel druckfertig ab. Ein wahrer Segen im Sinne einer partnerschaftlichen Zusammenarbeit.

Die Geschwindigkeit, mit der Menschen (insbesondere Unternehmer:innen) Dinge anpacken und umsetzen, ist einer der entscheidenden Erfolgsfaktoren. Und Oliver ist das Paradebeispiel dafür. Bevor ich bei ihm als Angestellter startete und er mein Mentor und später Geschäftspartner wurde, war er einer meiner Hochschuldozenten. Auf meine Frage, warum er eine Woche für die Korrektur und Rückgabe einer Klausur braucht, wohingegen andere 2 Monate dafür brauchten, antworte er sehr einleuchtend: „Die Zeit, die ich dafür aufwenden muss, ist doch die gleiche. Ob ich's jetzt mache oder in 2 Monaten; also mache ich es einfach jetzt – und habs dann hinter mir".

Oliver gründete 2005 seine erste größere Firma. „Blitzbox" war damals eine der ersten Software-Download-Plattformen Deutschlands. Und wenn du die letzten Absätze aufmerksam gelesen hast, dann wird dich nicht verwundern: Schon nach 2 Jahren hatte Blitzbox über 4 Millionen Euro Umsatz erzielt – und wurde für mehrere Millionen Euro vom französischen, börsennotierten Avanquest-Konzern übernommen.

Oliver war vermutlich der größte Internet-Unternehmer, den das Paderborner Umland bis zu der Zeit hervorbrachte. Ich begann als Projektmanager im April 2010, wurde im August zum Geschäftsleiter befördert, baute ein Team mit einer Handvoll Leute auf und konnte als Angestellter im November – aufgrund meiner Erfolgsbeteiligung – zum ersten Mal ein 5-stelliges Gehalt kassieren.

Doch wenngleich ich sehr dankbar bin, so einen Menschen wie Oliver kennengelernt zu haben, so gab es doch auch Punkte, an denen wir aneckten. Und wenn Geschäftsführer und Geschäftsleiter nicht die gleiche Richtung einschlagen wollen, dann gibt es unweigerlich Spannungen. Es war ein Segen – denn genau zu diesem Zeitpunkt tat sich eine Chance auf.

Der Appell an dich ist, dass du dir aktiv jemanden suchst, der dich fördert, der dir zur Seite steht und der dich coacht. Das kann ein/e neue/r Chef:in sein, muss es aber nicht. Doch verwechsel das nicht – damit ist niemand gemeint, der deinen „Scheiß" macht. Niemand, der deine Probleme löst oder der dazu da ist, dass du deine negativen Emotionen bei ihm ablädst.

i

Erledige wichtige und ungeliebte Aufgaben als erstes am Tag!
Und suche dir jemanden, der dich fördert, der dir zur Seite steht und dich coacht.

Die Gründung meiner ersten richtigen Firma

Man könnte den Umstand, der zur Gründung führte, als Zufall bezeichnen. Ich sehe es eher als Konsequenz von einigen richtigen Entscheidungen: Oliver handelte früher mit Internet-Domains wie andere mit Immobiliengrundstücken. Er besaß die Domain www.gruender.de und ein Mitarbeiter von uns baute den Kontakt zu einem Schulfreund von sich auf - Christoph Schreiber.

Die Idee und das Konzept, Gründer.de gemeinsam aufzubauen, waren schnell geschmiedet. Christoph war damals von der KfW-Bank zertifiziert, um geförderte Gründercoachings durchzuführen. 50-90% Zuschuss bekamen unsere Kunden bei einem Coaching-Honorar von 4.000 - 6.000€. Dazu kam auf der o.g. Webseite ein Portal, welches potenzielle Gründer:innen mit dem nötigen Knowhow versorgte. Wir agierten von Beginn an als Plattform, d.h. wir stellten unsere eigenen Strategien vor, nahmen aber auch sehr regelmäßig externe Experten mit ins Boot - schließlich sind wir nicht allwissend. Abgerundet wurde unser Geschäftsmodell durch digitale Coachingangebote, insbesondere E-Books, Videokurse und Webinare.

Kurz vor Weihnachten 2010 fassten wir also den Entschluss zu gründen. Im Januar gingen wir zum Notar, um die GmbH eintragen zu lassen - und ab Februar war dann „Ärmel hochkrempeln" angesagt. Wir drückten richtig aufs Gaspedal, motiviert wie nie zuvor.

Es war übrigens extrem clever, eine Firma bzw. GmbH mit jemandem zu gründen, den man nicht mal einen Monat kannte und erst einmal vorher getroffen hatte (Vorsicht Ironie)! Doch Christoph und ich taten das, wir zogen voll durch und Gründer.de war von Beginn an ein Riesenerfolg.

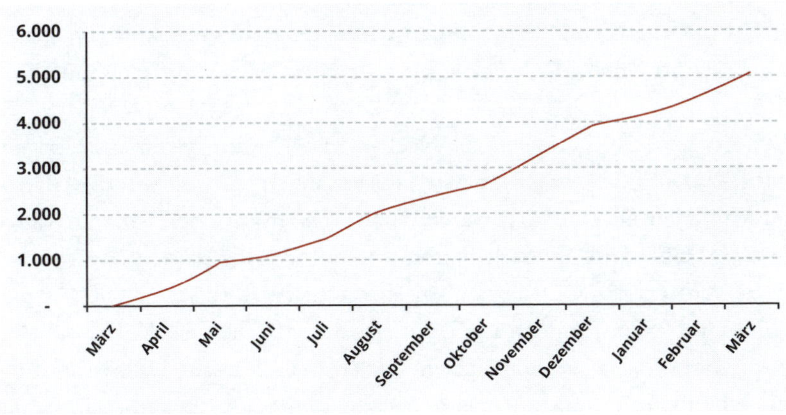

Gründer.de Bestelleingänge ab März 2011

Bereits 6 Monate nach der Gründung hatten wir über 100.000 Besucher:innen auf unserer Webseite und über 2.000 Personen hatten eines unserer Coaching-Produkte gekauft. Mit unseren digitalen Coaching-Kursen für je 50 € hatten wir den Zahn der Zeit voll getroffen.

Im August 2011 wurde ich 29 Jahre alt. Ich hatte eine tolle Freundin und war unternehmerisch erfolgreich. Dieser Geburtstag zeichnete damals für mich den Höhepunkt meines bisherigen Lebens. Ich setzte mir an diesem Tag ein neues Ziel: Die Erlangung völliger finanzieller Freiheit innerhalb der nächsten 12 Monate. Ob ich das erreicht habe, besprechen wir in Kapitel 4.

War dieser Höhepunkt der Lohn für meinen Mut? Nicht mal ein Jahr zuvor – ich erwähnte es eben – verdiente ich 5-stellig als Geschäftsleiter, kündigte meinen Job und startete von Null. Meine Mutter hatte damals Angst um Haus und Hof und ich war auf einer Welle, in der ich „unbesiegbar" schien – so sehr unterschieden sich die Sichtweisen.

Christoph und ich bauten das Business in Rekordgeschwindigkeit weiter aus. Wir flogen 2011 in die USA, um näher am Puls der Online-Welt zu sein. Ein fantastischer Trip, auf den wir heute gerne zurückblicken – mit der Erkenntnis, dass die Mücken mich deutlich lieber stachen als ihn.

Doch es kam dann ganz anders: Nach einem Jahr, im Januar 2012, zogen wir Bilanz. Wir schlossen das erste Jahr mit einem Umsatz von einer Drittel Millionen Euro ab. Wir waren darauf sehr stolz. Doch wir waren uns uneinig. Christoph und ich hatten unterschiedliche Ansichten über die weitere Entwicklung der Firma. Unsere staatlich geförderten 4.000 €-Coachings waren ein „Ladenhüter". Ich erspare euch die Details. Freundlich, aber emotionslos trennte man sich. Oliver und ich kauften Christoph aus der Firma raus, ich machte operativ alleine weiter. Der Exit von Christoph war für Oliver und mich damals richtig teuer, aber rückblickend betrachtet war es für alle Beteiligten die beste Entscheidung – auch finanziell. Die Wege trennten sich. Zunächst.

Christoph, der für Gründer.de sein Masterstudium pausierte, beendete dieses endlich. Und er ließ es sich nicht nehmen, mich mal zu einem SC Paderborn Fußballspiel einzuladen. Diese Vorliebe teilten wir. Ich revanchierte mich mit gegrillten Steaks auf meiner Terrasse, er sich wiederum mit Cocktails in Köln, woraufhin ich ihn zum Geburtstag einlud und er sich mit einer Gegeneinladung revangierte – wie in einer gescheiterten Beziehung, wo der eine nicht vom anderen lassen kann.

Manchmal muss man Menschen eine faire zweite Chance geben!

Und die gaben wir uns im Frühjahr 2013. Ich wollte mein eigenes Eventformat aufbauen und war zwar in der Lage, Tickets an die Gründer.de-Kunden zu verkaufen, hatte jedoch keine Zeit, das Event zu organisieren. Christoph übernahm die Organisation und baute die Webseite. Wir hatten einen 50/50 Deal und waren wieder im Geschäft. Die Conversion und

Traffic Konferenz „Contra" wurde geboren (www.die-contra.de).

Nur durch einen Geniestreich war das erste Event überhaupt profitabel: Als unbekannter Newcomer unter den Eventveranstaltern hatten wir sowohl Herausforderungen beim Ticketverkauf als auch beim Akquirieren von Sponsoren. Aber wir konnten einen Hauptsponsor gewinnen, der sich zwar weigerte, eine fixe Gebühr zu entrichten, der uns aber einen Betrag pro tatsächlichem Teilnehmer zusagte. Dieser Betrag war genau so hoch wie unsere Selbstkosten.

Wir verkauften etwa 50 Tickets. Der Raum fasste allerdings 200 Personen. Also machten wir ein Gewinnspiel und wir verlosten offiziell 10 x 2 Tickets. Tatsächlich verlosten wir aber 450 Tickets, wovon 150 tatsächlich erschienen; in der Summe also 200 Personen. Der Raum war voll, das Event profitabel und unsere Partner:innen beeindruckt. Die Ticketgewinner baten wir auf keinen Fall ihren Sitznachbarn zu erzählen, dass sie ein Ticket gewonnen hatten, denn die hatten ja womöglich viel Geld für ihr Ticket bezahlt.

Ich bin mir sicher, ohne diesen Geniestreich wäre die Contra damals gestorben - und in der Folge vielleicht alles weitere, was hier gleich folgt. Heute ist die Contra ein 3-tägiges-Event mit mehreren Bühnen und über 2.000 Teilnehmern - und überlebte selbst die Corona-Krise.

Christoph wurde in der Folge mein engster Weggefährte, Freund und Geschäftspartner - und nach meiner entscheidenden Frage aus Kapitel 1 auch mein Trauzeuge. Mit ihm gemeinsam baute ich viele weitere Formate auf, wie die One Idea Mastermind, den Gründerkongress, den Finanzkongress und mit 75.000 Teilnehmern den vermeintlich größten Online-Kongress Deutschlands - den Erfolgskongress.

Das Leben bietet so viele Herausforderungen, beruflich wie privat. Es ist so unglaublich wertvoll, zu wissen, dass man jederzeit auf die Menschen in seinem Umfeld zählen kann. Was Christoph und mich verbindet? U.a. die Suche nach neuen Herausforderungen. Ein Bauprojekt? Familienplanung? Ein corona-konformer spaßiger Junggesellenabschied in 2021? Kein Problem für Christoph! :-).

Heute bin ich stolz, gemeinsam mit Christoph und unserem 40-köpfigen Team mittlerweile tausende motivierte Menschen bei der Verwirklichung ihrer Träume sowie dem Aufbau eines eigenen Online-Business unterstützt zu haben. Wir produzieren Events, digitale Lernkurse, Bücher sowie Online-Fortbildungen, um alle zu unterstützen, die wirklich etwas aus ihrem Leben machen wollen. Das ist es, was mich jeden Tag motiviert. Vollgas zu geben. Für euch.

Kein Erfolg ohne Pausen und ohne den richtigen Rückhalt

Wenn man durchs Leben geht, dann muss einem bewusst sein, dass es Rückschläge geben wird! Und wenn man etwas erreichen will, wenn man große Ziele hat, wenn man mit hoher Geschwindigkeit voranschreitet, wenn man etwas aufbaut – dann werden diese Rückschläge größer und heftiger.

Manchmal kann das Leben richtig fies sein. Teilweise ist es sogar ungerecht. Dessen musst du dir bewusst sein. Jeder, der den Mut hat, etwas aufzubauen, hat das Risiko, dass er damit scheitert. So geht es jedem/jeder Gründer:in. Der, der sich einem Problem stellt, der eine Herausforderung annimmt, geht das Risiko ein, dass er damit nicht zurecht kommt – zumindest nicht zum aktuellen Zeitpunkt.

Was ich dir zurufen möchte: **Wenn du etwas erreichen und aufbauen willst in deinem Leben, dann mach dich auf Rückschläge gefasst**. Sie werden kommen, früher oder später. Das hier ist kein Sprint, sondern ein Marathon.

ABER: Wenn diese Rückschläge kommen, dann lass dich nicht von ihnen aus der Bahn werfen! Klar sind sie hart, klar tun sie weh. Aber mach dir dann bewusst: Dass Rückschläge kommen, war dir von vornherein bekannt! Sie sind quasi Teil deines Plans gewesen.

Sieh sie als Prüfung. Sieh das Ganze als Herausforderung, als Spiel. Zieh dich ein wenig zurück, besinn dich auf deine Basis, atme tief durch. Gib dir ein wenig Ruhe, lass den ersten Sturm vorbeiziehen - und dann wird wieder voll angegriffen! Mit „beweg deinen verdammten Arsch" meine ich nicht, dass du immer Vollgas geben sollst. Du darfst auch mal den Fuß vom Gaspedal nehmen, darfst auch mal einen Gang runter schalten. Aber auf keinen Fall still stehen. Und nach einer kurzen Phase der Besinnung wird wieder voll angegriffen!

Du kannst aber Maßnahmen treffen, die dich in solchen schlechten Phasen auffangen, die dir Rückhalt geben, die dich schneller ins Leben zurückbringen. Und das schaffst du durch die richtigen Menschen in deinem Umfeld!

Liebe/r Leser:in, umgebe dich mit Menschen, die dich unterstützen. Auf die du zählen kannst, wenn es nicht so gut läuft. Die dich weiter pushen, wenn's richtig gut läuft. Das Leben ist keine Einbahnstraße. Und du brauchst Menschen, die dich auffangen, wenn du fällst. Genauso wie du Menschen auffangen solltest, wenn sie fallen.

> *Das Leben ist kein Sprint, sondern ein Marathon. Mach dich auf Rückschläge gefasst, denn sie werden kommen - als Herausforderung und Prüfung. Sorge daher dafür, dass du die richtigen Menschen in deinem Umfeld hast, die dir dann zur Seite stehen und dich auffangen und unterstützen.*

Ich möchte dir an dieser Stelle meine damalige beste Freundin Anna vorstellen. Ihr widmete ich mein Buch „Der Tag an dem sich alles änderte", weil sie über 10 Jahre der wichtigste Rückhalt in meinem Leben war. Weil sie mich unzählige Male aufgefangen hat, weil sie immer für mich da war, wenn ich sie brauchte. Weil sie die Stärke besitzt, mir meine Fehler zu verzeihen. Weil sie auch mal hart zu mir war, mir ihre Meinung ungeschönt ins Gesicht sagt, da sie mein größtmögliches Vertrauen genießt. Ich hoffe für dich, dass auch du so einen Anker des Rückhaltes in deinem Leben hast, wie Anna es für mich war. Und falls nein, dann kennst du jetzt wahrscheinlich deine Schwachstelle, deine Achillesferse.

Warum schreibe ich „war" ... also in der Vergangenheitsform? Keine Sorge, ihr geht's gut, mir geht's gut. Aber das Leben geht weiter. Räumliche Distanz, unterschiedliche Interessen und veränderte Lebenssituationen lassen manchmal selbst die tiefste Freundschaft abkühlen. Aber rückblickend betrachtet stand sie mir über 10 Jahre zur Seite, daher möchte ich sie nicht unerwähnt lassen.

Bei Aktieninvestments achten viele darauf, in einer gut laufenden Zeit möglichst viele Gewinne zu machen. Aber wie gut die Gesamtrendite letztendlich ist, entscheidet sich eher darin, wie gut du durch die schlechten Zeiten kommst. Dann, wenn die Börsen im Sinkflug sind. Genauso ist es auch im echten Leben. Du kannst so schnell und erfolgreich wachsen wie du willst, irgendwann wird dich jemand zu Boden werfen. Und dann musst du wieder aufstehen. Am besten möglichst schnell und am besten gestärkt aus den Erfahrungen. Viele bleiben dann jedoch liegen.

Sei kein/e Egoist:in. Wenn du jemanden hast, der immer für dich da ist, wenn du ihn brauchst – dann bist du auch für ihn da, wenn er dich braucht! Punkt. Keine Diskussion. Kenne deine Prioritäten!

Im Leben hängt alles irgendwie zusammen

Wie ich das hasse, wenn Menschen Privatleben und berufliche Karriere voneinander trennen. Es hängt doch ohnehin alles zusammen. Bin ich schlecht drauf im Job, bin ich vor und nach der Arbeit auch im Privatleben schlecht drauf. Hab ich eine Beziehungskrise, sinkt gleichzeitig meine Stimmung am Arbeitsplatz – und damit auch meine Produktivität.

Seit 2010 betreue ich jetzt schon Unternehmensgründer:innen. Hunderte in persönlichen Coachings, Zehntausende durch unsere digitalen Kurse. In den vergangenen 11 Jahren habe ich hunderte E-Mails mit Feedback von Kunden gelesen. Kunden, die gescheitert sind und jene, die erfolgreich waren. Fast aus allen ist ein direkter Zusammenhang aus Privatleben und Business/Beruf herauszulesen. Menschen, die erfolgreich gründen, sind meist auch im Privatleben auf einer guten Spur und andersrum. Oft befinden wir uns in einem Aufwärts- oder Abwärtsstrudel, das heißt das eine bedingt das andere positiv oder negativ. Wenn es im Business bzw. Job gut läuft, ich Erfolge feiere, dann habe ich meist auch mehr (positive) Energie fürs Privatleben, wie Sport oder eine Beziehung. Wenn ich im Job Überstunden schiebe und dabei mies drauf bin, ist es nur noch eine Frage der Zeit, bis meine Beziehung zu meiner Partnerin in die Knie geht.

Ich kenne keine Studie, die ich jetzt zitieren könnte, aber ich vermute, dass diese gegenseitigen Zusammenhänge auch Auswirkungen auf die Gesundheit haben oder vielmehr haben müssen. Im Extremfall ein Burnout oder eine Depression. Ich kenne kaum Unternehmer:innen, die erfolgreich sind und Spaß an dem haben, was sie machen und über eine hohe Quote an Krankheitstagen klagen. Im Umkehrschluss kennen wir alle wahrscheinlich reichlich Menschen, die frustriert im Job sind – und gleichzeitig ständig krank. Ich hab ehrlich keine Ahnung, wann ich das letzte Mal krank war.

Das führe ich hier nur so ausführlich auf, weil ich mich diesbezüglich selber sehr genau beobachte: Wenn ich meine Umsatzentwicklung der letzten 11 Jahre anschaue und dort einzeichne, wann ich glücklich oder unglücklich war mit Bezug auf meinen jeweiligen Beziehungsstatus, dann gibt es da einen sehr deutlichen Zusammenhang: Glücklich in einer Beziehung oder glücklich als Single ist gleichzusetzen mit mehr Umsatz.

Mit Anna (im privaten Bereich), Oliver (im Business-Bereich) und Christoph (Business & privat) habe ich euch 3 verschiedene Personen vorgestellt, die einen sehr positiven Einfluss auf mich, mein Leben und mein Business hatten und haben.

Doch es fehlte an meiner Seite eine Partnerin, mit der man all die schönen Momente im Leben teilen kann. Wie du aus Kapitel 1 weißt, habe ich diese gefunden und sie hört meistens, wenn man sie Kathi ruft.

2017 lernten wir uns kennen und sie stellte unsere Beziehung schon vor dem ersten Date hart auf die Probe. Wir hatten uns zum Essen verabredet und ich musste noch ein Restaurant auswählen. Ich lass' euch mal wörtlich am WhatsApp-Verlauf teilhaben:

- Ich: *Bezüglich Donnerstag. Sollte ich irgendetwas vorab wissen ... also bist du Veganer, oder irgendwelche Unverträglichkeiten, kein Alkohol, kein Gemüse, kein Spaß, oder so etwas?*
- Kathi: *Gut dass du fragst... ich bin nämlich Mormone. Ich esse kein Fleisch, sonst gibt es glaube ich nichts zu wissen.*

Kathi ist Mormone! „Was zum Teufel?" war der erste Gedanke, der mir in den Kopf schoss. Ich hatte bis dato keine Ahnung, was genau Mormonen sind. Google und Wikipedia waren mein Freund und ich lernte „Mormonen sind eine religiöse Gruppe, die mit dem Mormonismus – dem Hauptzweig der Bewegung des restauratorischen Christentums der Heiligen der

Letzten Tage, die von Joseph Smith in den 1820er Jahren in Upstate New York initiiert wurde – eng verwandt ist."

Ahh ... okay. Christlich, keine Sekte. Gott sei Dank. Aber dennoch, eine derart stark religiöse Partnerin hatte ich mir nicht erträumt. Ich lernte: Sonntage und Montage sind für die Kirche reserviert, Hochzeiten außerhalb der Religionsgemeinschaft wurden bestenfalls toleriert. Es gibt nur 14 Mormonenstämme in Deutschland, davon einer in der Stadt, in der Kathi studiert hatte. Na super, das ging ja gut los.

Dennoch, ich überlegte rational: Wie groß ist die Wahrscheinlichkeit, dass sie mich vielleicht einfach nur aufs Glatteis führen will? Und wenn sie das gerade tut - wie bekomme ich das entkräftet, ohne das sie mir jahrelang vorwerfen könnte, sie hätte mich damals reingelegt. Und falls die Aussage wahr ist, wie komme ich aus der Nummer raus, ohne sie zu kränken?

Ich entschied mich für eine Gegenfrage, um ihr die Chance zu lassen, die Situation aufzulösen:

- Ich: *Ah, spannend :) Welche der vielen mormonischen Glaubensgemeinschaften gehörst du denn an?*

Denn es gibt da scheinbar hinsichtlich des Glaubens auch unterschiedlich starke Ausprägungen. Wie ich finde die ideale Frage, um ehrlich darauf zu antworten ... oder zu sagen „Sorry, war nur ein schlechter Scherz". Wie reagierte sie auf diese geniale Frage? GAR NICHT! Gefühlt ewig ließ sie mich warten, um dann etwas anderes zu schreiben und meine Frage einfach zu ignorieren. Ich entschied mich, keinen zweiten Versuch zu starten, um das aufzulösen. Ich saß das „einfach" aus. Diese Zeit war gefühlt die Hölle auf Erden für mich. Rückblickend völlig verrückt, dass ich mich auf so ein erstes Date eingelassen hatte. Beim Date löste sie es auf: Sie war natürlich keine Mormonin, sie hatte mich verarscht. Sie lachte so amüsiert dabei und ich verliebte mich in dieses Lachen. :-)

Ich schwor mir damals, wenn sie mich noch vorm ersten Date so hart veräppelt, dann werde ich es ihr irgendwann heimzahlen. Nur blöderweise habe ich, selbst jetzt Jahre später, nicht die geringste Ahnung, wie ich das anstellen könnte. Und sie kennt mich jetzt auch viel zu gut, als dass ich plötzlich mit irgendeiner skurrilen und zugleich glaubwürdigen Sache um die Ecke kommen könnte.

Um das klarzustellen: Ich bin selbst nicht religiös, was aber nicht heißt, dass ich religiöse Menschen nicht respektiere. Zumindest solange es sich nicht um extremistische Glaubensrichtungen handelt. Ich finde es gut und wichtig, einen festen Glauben an etwas zu haben, dass verleiht Kraft und Stabilität. Aber ich glaube auch, jeder gläubige Mensch wird nachvollziehen können, dass eine Beziehung zwischen einem nicht Gläubigen und einem stark Gläubigen keine große Zukunft haben kann.

Kathi ist jemand, der es schafft, Farbe in mein Leben zu bringen, mir meinen Freiraum zu lassen und mich gleichzeitig zu erden. Jemand, der sich mir mit Empathie und Gelassenheit entgegen stellt, wenn ich kurz vorm Explodieren bin, weil irgendetwas nicht so läuft, wie ich mir das vorstelle. Ich bin halt Sternzeichen Löwe ;-) Aber Kathi kann auch Pläne machen, ziemlich clever denken, sich herausfordern und gleichzeitig mehrere Freundeskreise mit unfassbar netten Menschen pflegen.

Aber hey - Nobody is perfect ... und so dauerte es fast 4 Jahre in unserer Beziehung, bis sie sich einen ETF-Sparplan eingerichtet hat :-) Wir gleichen uns in so vielen Dingen und sind doch so unterschiedlich, dass es nie langweilig wird. Den anderen zu nehmen, wie er ist und trotzdem auch mal einen Wunsch außerhalb der eigenen Komfortzone zu erfüllen, lässt das Leben harmonisch und abwechslungsreich zugleich erscheinen.

Eine Beziehung lebt davon, dass beide aus dieser Komfortzone rauskommen. Früher hätte ich jedem einen Vogel gezeigt, wenn er mir gesagt hätte, dass ich mal auf einem Pferd am Strand reite. Aber wenn man weiß, dass dies beim Partner Freudentränen auslöst... dann wird aus einer „sehr abwegigen Idee" plötzlich „ein total sinnvoll-logischer Schritt". Auch gemeinsame Ziele sind wichtig - beispielsweise haben wir eine Alpenüberquerung mit dem Mountainbike im Duo gemeistert. Berg hoch, Berg runter - bei dem Gedanken brennen meine Oberschenkel noch heute.

Aber ich versprach euch, das hier wird kein Beziehungsratgeber - und ich denke, ihr habt's ohnehin verstanden: Kathi ist einfach großartig.

Alle Träume können wahr werden, wenn wir den Mut haben, ihnen zu folgen.

(Walt Disney)

KAPITEL 4

Deine UNABHÄNGIGKEITS-ERKLÄRUNG

Dein Warum – Vision, Mission & Ziele

Stelle die richtigen Fragen! Als lösungsorientierter Mensch findest du sicherlich die Antworten auf die meisten Fragen, die du dir stellst. Die Kunst ist also herauszufinden, ob du dir auch die richtigen Fragen stellst bzw. ob du die richtigen Fragen überhaupt kennst.

Übergeordnet ist die Frage nach deinem „Warum". Immer wenn du für dich beantworten kannst, warum du etwas tust, wenn du einen tieferen Sinn erkennst, gehst du mit großer Leidenschaft und einer herausragenden Motivation an den Start. Dann hast du meistens auch ein besonders langes Durchhaltevermögen. Das „Warum" in deinem Leben gibt dir Treibstoff und Energie über Jahre hinweg. Teilweise über Jahrzehnte hinweg. Aus deinem übergeordneten „Warum", aus deinem Sinn des Lebens, lassen sich dann einzelne konkrete Missionen ableiten und daraus erstellst du dir deine konkreten Ziele. Die nächste Form wären dann sehr klare Aufgaben auf deiner To-Do-Liste.

Mit dieser Vorgehensweise hast du einen Leitstern am Horizont, verläufst dich aber trotzdem nicht im Alltag. Du kennst das bestimmt: Die meisten Menschen überschätzen, was sie in einem Jahr schaffen können und unterschätzen, was sie in 10 Jahren schaffen können. Du hast hoffentlich noch weit mehr als 10 Jahre für dein Lebenswerk.

In diesem Teilabschnitt meines Buches möchte ich dich mitnehmen auf die Reise, wie ich zu meiner Vision kam – und was mein Lebenswerk ist. Du musst natürlich für dich selbst herausfinden, wofür du jeden Morgen antreten willst. Irgendwann war ich an dem Punkt in meinem Leben angekommen, wo ich erkannt habe, dass materialistische Dinge im Leben keine erstrebenswerten Ziele sind. Wie z. B. ein teures Auto.

2012 und 2013 setzte ich mich immer häufiger mit der Frage nach dem Sinn meines Lebens auseinander. Warum ausgerechnet zu diesem Zeitpunkt, wirst du gleich noch genauer erfahren. Zentral waren bei mir die Gedanken daran, was ich wirklich gerne mache. Ich versuchte darin einen übergeordneten Sinn zu finden – und plötzlich machte es bei mir „Klick" und alles passte zusammen:

Wie Indien 2009 mein Leben veränderte

Ich habe große Freude daran, mein Wissen zu teilen. Vornehmlich im Bereich Online-Marketing und Gründerberatung, denn da kann ich am meisten teilen. Ich bin der Überzeugung, dass das Nachhaltigste, was man schaffen kann, Bildung ist. Eine gebildete Generation in Afrika kann irgendwann selbst Solaranlagen und Brunnen bauen, kann vielleicht irgendwann für Frieden sorgen und den Hunger stillen. Bildung hilft vielleicht nicht unmittelbar, aber langfristig und nachhaltig – das ist zumindest meine Überzeugung.

Im Oktober 2009 ermöglichte mir meine Hochschule eine Exkursion nach Indien. Für mich der erste hautnahe Kontakt mit der dritten Welt. Und was ich sah, übertraf meine Befürchtungen. Hungernde Familien, dreckige Straße, kein sauberes Wasser. Kinder, die nichts hatten. Weder in der Gegenwart, noch sonderliche Chancen in der Zukunft. Während ich in Deutschland jedem zurufe: Beweg deinen verdammten Arsch, du kannst es schaffen; war daran in Indien gar nicht zu denken. Ich blickte zugleich in traurige als auch in überglückliche Kindergesichter. Manche starrten mich Westeuropäer an, andere schauten beschämt. Doch die gesamte Exkursionsgruppe war überrascht darüber, wie stolz doch die meisten Kinder auf das Wenige waren, was sie hatten und zeigen konnten. Viele lächelten und kamen fröhlich angelaufen.

Doch es mangelte an dem Nötigsten. Mangelhafte Schulbildung begann schon bei fehlenden Stiften und Papier. Wir hatten Stifte dabei und ich habe glaube ich niemals ein Schulkind gesehen, dass sich so sehr über irgendetwas freuen konnte wie ein indisches Schulkind, dem wir Stifte schenkten.

Während der 10 Tage in Indien wurde ich schwer krank. Das verdeutlichte mir, wie schlecht es um die Hygiene und Frischwasserversorgung in Indien stand. Der Gedanke, in ein indisches Krankenhaus zu müssen, machte mir Angst. Während ich mir Gedanken machte, wer wohl in meiner Heimat um mich trauern würde, falls ich nicht lebend nach Deutschland zurückkehrte, vertraute ich auf westliches Paracetamol, anstatt ein Krankenhaus in Indien aufzusuchen.

Später in Deutschland wurde mir erst bewusst, wie privilegiert wir hier eigentlich leben. Der Gang auf eine Autobahn-Toilette, der Geschmack einer Bockwurst vom Kiosk oder eine Straße ohne ein Schlagloch... alle 10 Meter. Plötzlich nahm ich bewusst wieder die eigentlich selbstverständlichen Dinge wahr. Eigentlich traurig. Und mir eröffnete das eine völlig neue Sicht der Dinge. Meine große Passion ist das Teilen von Wissen und ich möchte der Welt helfen, ein Stückchen besser zu werden. Und daraus baute ich mir meine Vision:

Ich wollte alles Geld, was ich nicht für meinen persönlichen Lebensunterhalt und zur Absicherung meiner Familie benötige, in nachhaltige Bildung investieren. Konkret realisiert werden soll letzteres in meiner zweiten Lebenshälfte. Mein Plan ist, eigene Schulen in Indien zu bauen, zu betreiben und zu unterhalten – also nicht etwa durch Spenden an Hilfsorganisationen, sondern durch den Bau eigener Schulen. Direkter kann ich mir die Hilfe für Kinder in Indien nicht vorstellen.

In meinem fünfundfünfzigsten Lebensjahr werde ich meine erste eigene Schule bauen.

Das Spannende an dieser Vision war nicht nur, dass ich ein großes Ziel hatte, mit dem sich meine Passion „das Teilen von Wissen" vereinbaren lässt. Ich hatte auch gleichzeitig eine neue Herausforderung definiert: Kurzfristig und mittelfristig die Beschaffung der finanziellen Mittel und langfristig das Bauen von Schulen in einem völlig fremden Land.

Als Reaktion darauf gründete ich 2013 meine eigene Holdinggesellschaft, in welche ich (bis auf den land- und forstwirtschaftlichen Betrieb) alle Unternehmensbeteiligungen einbrachte und alle Gewinne in dieser Holding bündelte. Diese Holdinggesellschaft soll später in eine Familienstiftung umgewandelt werden. Der Großteil dessen, was mir der Staat nach Abzug von Steuern übrig lässt, verbleibt in meiner Holding – zur Finanzierung meiner Vision.

Somit habe ich allem unternehmerischen Handeln einen übergeordneten Sinn gegeben. Jedes Mal, wenn ich im Büro auftauche, jede Stunde, die ich für meine Unternehmen arbeite, jedes Projekt, das ich voran bringe, ja selbst jede Zeile, die ich für dieses Buch schreibe, hat einen übergeordneten Sinn. Meine Vision: Schulen in Indien, um damit etwas Nachhaltiges in der Welt zu bewegen.

Ich möchte dir zurufen: Begib dich auf die Suche nach deiner eigenen Vision. Etwas, nach dem du strebst, das dir einen übergeordnete Sinn im Leben gibt.

Aber eine Warnung muss ich noch loswerden: Ich erlebe so viele Menschen in meinen Coachings, die Gutes in der Welt tun wollen. Die immer für andere da sind, die sich aufopfern. Und das leider oft so intensiv, dass sie selbst massiv darunter leiden. Ich glaube, wir können das Leben von viel mehr Menschen positiv beeinflussen, wenn wir im ersten Schritt zunächst unser eigenes Leben in den Griff bekommen.

Ich finde es nicht egoistisch zu sagen, dass man erstmal für sich selbst sorgen muss. Sodass man ein stabiles Fundament hat, eine Basis, auf der man aufbauen kann. Ein finanzielles Polster. Das man gesund ist, gebildet und gute Beziehungen hat. Aus dieser Position heraus lässt sich viel wirkungsvoller noch viel mehr Menschen helfen.

Deine Basis für ein erfolgreiches und selbstbestimmtes Leben

Wir alle entwickeln uns im Laufe unseres Lebens weiter. Das ist ganz natürlich, denn mit jedem neuen Tag prägen uns neue Dinge. Ob Menschen, Ereignisse oder Sichtweisen – wir lernen stetig dazu und jede Veränderung bringt uns weiter. Doch manchmal haben wir das Gefühl stehen zu bleiben und in einem Hamsterrad gefangen zu sein. Dann ist es Zeit, aus diesem auszubrechen und sich aktiv weiterzuentwickeln.

Um aus deiner aktuellen Situation zu entfliehen, voran zu kommen und deine Träume und Wünsche zu verwirklichen, solltest du auch immer an deiner Persönlichkeit arbeiten. Der Bereich Persönlichkeitsentwicklung ist ein breites Themenfeld. Es gibt zahlreiche Theorien und Modelle, die aussagen, was eine Persönlichkeit ausmacht und wie der Prozess der Entwicklung verläuft. Allein über dieses Thema ließe sich ein ganzes Buch schreiben.

Auf dem Weg zu deiner persönlichen Unabhängigkeitserklärung möchte ich dir daher vor allem die 3 Grundsäulen der Persönlichkeitsentwicklung näher bringen. Diese Säulen stellen dar, welche Grundpfeiler notwendig sind, um sich persönlich weiterzuentwickeln. Es geht hier also um einen Prozess, den du durchlaufen solltest, um voran zu kommen.

1. Säule: Selbsterkenntnis

Diese Stufe durchläufst du, wenn du dich selbst kennen lernst und genau weißt, was deine Stärken, Schwächen, aber auch deine Wünsche und Ängste sind. Diese Stufe erfordert vor allem ein hohes Maß an Selbstreflexion.

2. Säule: Selbstakzeptanz

Im nächsten Schritt gilt es nun, dich selbst so anzunehmen, wie du bist. Akzeptiere all deine Stärken, aber eben auch deine Schwächen. Denn wichtig zu verstehen ist, dass du nicht im Widerstand mit dir stehen solltest. Fange an, dich so zu lieben, wie du bist, denn das ist das beste Fundament, um dich weiterzuentwickeln.

3. Säule: Selbstveränderung

Im nächsten Schritt solltest du dich fragen, wer du werden möchtest. Wo willst du ihn? Was willst du tun? Welche Eigenschaften und Fähigkeiten möchtest du entwickeln? Lege dir konkrete Ziele fest und arbeite stetig daran.

Und weißt du, was das Beste daran ist? Genau daran arbeiten wir jetzt gemeinsam! Denn auch meine Persönlichkeit hat sich sich im Laufe der Jahre verändert. Und das ist gar nicht schlimm, sondern gut so! Denn auch wenn wir Veränderungen per se mit etwas Negativem verbinden, gibt es doch auch so viele zahlreiche gute Veränderungen im Leben. Persönlichkeitsentwicklung bedeutet nicht, dass du deinen Charakter um 180 Grad ändern sollst. Ganz im Gegenteil! Vielmehr polierst du deine tollen Charaktereigenschaften auf und verabschiedest dich von den schlechten.

Rückblickend würde ich sagen, dass mir vor allem diese 8 Themen oder Maßnahmen bei meiner Persönlichkeitsentwicklung weitergeholfen haben:

1. Bilde dich weiter

Das Wichtigste für die persönliche Weiterentwicklung ist die Weiterbildung. Bilde dich weiter, indem du viele Bücher liest (Check ✔) und dich mit Experten oder Gleichgesinnten austauschst. Egal in welcher Form du dir Wissen aneignest – nutze die Chance und lerne neue Perspektiven und Ansätze. Vor allem ist deine Einstellung dazu elementar: Sieh es nicht als lästig an, sondern als Privileg, so einfach, schnell und mühelos an fundiertes Wissen zu gelangen. Interessiere dich für neue Dinge und sauge alles in dich auf. Schnell wirst du merken, dass Fakten und Dinge, die dich wirklich interessieren, auch viel schneller „hängen" bleiben.

2. Probiere Neues und sei offen

Je mehr du lernst, dich weiterbildest und neue Dinge erfährst, desto neugieriger und aufgeschlossener wirst du auch. Experimentiere gerne und probiere einfach neue Sachen aus. Hab keine Angst, neue Wege zu gehen (oder wie ich, diese auf einem Pferd zu bereiten). Auch wenn manche Versuche schief gehen, du hast es zumindest gewagt – und das zählt. Nur wer stets mutig und begeistert sich selbst immer wieder neu erfindet, der arbeitet auch wirklich an sich und kann Veränderungen erkennen. Angst ist einer der Gründe, weshalb Stillstand entsteht.

3. Setze den Fokus auf dich selbst

Viele machen den Fehler, sich ständig mit anderen zu vergleichen. Natürlich kann man sich Idole suchen, doch diese dienen eher der Orientierung. Wer sich mit erfolgreicheren Menschen – egal in welcher Hinsicht – vergleicht, der kann sich nur selbst enttäuschen. Daher setze den Fokus auf dich selbst. Gestehe dir ein, dass du anders bist als die anderen und daher auch anders erfolgreich. Schaue hier nochmal verstärkt auf deine Talente und Stärken. Orientiere dich an den Dingen, die du gut kannst und baue darauf auf.

4. Übernimm Verantwortung (oder: „Krieg deinen verdammten Arsch hoch")

Du solltest begreifen, dass allein du für deine Entwicklung verantwortlich bist. Du kannst nicht darauf warten, dass Partner, Freunde, Familienmitglieder oder Kollegen auf dich zukommen und die Verantwortung übernehmen. Du allein entscheidest, in welche Richtung du gehst und ab wann du startest.

5. Hab keine Angst vor Veränderungen

Veränderung ist für die Persönlichkeitsentwicklung notwendig. Veränderung ist gut und wichtig, deshalb solltest du keinen Angst haben, diese auch zuzulassen. Nur wenn du deine Gedanken, deine Lebensweise, deine Einstellung und Perspektive änderst, bewegst du dich weiter. Auch wenn Veränderungen eintreten, die du so nicht gewollt hast – vielleicht hat es diese gebraucht, damit du endlich weiter gehst. Aus jedem Fehltritt lernen wir und oft entsteht aus Niederlagen genau der Ansporn, den wir gebraucht haben. Verabschiede dich von dem Gedanken, dass Veränderungen negativ sein könnten und denke vielmehr daran, dass neue Abenteuer auf dich warten. Wer stets positiv denkt, ist bereits meilenweit voraus.

Wenn du zu den Menschen zählst, die Angst vor Veränderungen haben, die sich damit schwer tun, dann sei dir das Buch „Die Mäusestrategie: Veränderungen erfolgreich begegnen" von Spencer Johnson wärmstens ans Herz gelegt. Es hat nur wenige leicht zu lesende Seiten - aber das Potenzial, dein Leben zu verändern. Zwar wurde es ursprünglich für Manager:innen und Führungskräfte geschrieben, aber lass dich davon nicht irritieren – es ist universell geschrieben und anwendbar.

6. Nimm Hilfe an

Wir sind nicht alle Experten, die Besten oder die Erfolgreichsten. Jeder hat mal klein angefangen – ich weiß, ein öder Spruch, aber dennoch wahr.

Nimm also Hilfe an, wenn sie sich dir bietet. Dass jeder mal Hilfe und Unterstützung braucht, ist nicht nur menschlich, sondern auch absolut logisch. Denn könnten wir bereits alles, dann würden wir uns nicht mit diesem Thema auseinandersetzen.

7. Hinterfrage dich ständig

In Gesprächen und Diskussionen ist es vollkommen natürlich, dass du mit unterschiedlichen Meinungen und Ansichten konfrontiert wirst. Auch wenn du eine andere Perspektive auf die Dinge hast, sind diese Gespräche extrem wichtig. Denn hier geht es nicht darum, deinen Standpunkt vehement zu verteidigen, sondern andere Meinungen anzuhören und deine Sichtweise zu hinterfragen. Aus manchen Diskussionen geht man schlauer heraus, aus anderen nicht so sehr – egal. Es ist elementar, dass du dich mit anderen Menschen auseinandersetzt und dadurch auch in deiner Persönlichkeit gefestigter wirst. Nur wer sich stetig hinterfragt, kommt auch wirklich weiter.

Die 3 Grundsäulen der Persönlichkeitsentwicklung lauten:

1. *Selbsterkenntnis*
2. *Selbstakzeptanz*
3. *Selbstveränderung*

und diese 8 Maßnahmen helfen dir bei der Persönlichkeitsentwicklung weiter:

1. *Bilde dich weiter*
2. *Probiere Neues und sei offen*
3. *Setze den Fokus auf dich*
4. *Übernimm Verantwortung*
5. *Hab keine Angst vor Veränderungen*
6. *Nimm Hilfe an*
7. *Hinterfrage dich ständig*
8. *Bleib dran und gib nicht auf*

8. Bleib dran und gib nicht auf

Auch wenn Rückschläge kommen, darf man sich davon nicht abschrecken lassen. Sieh es vielmehr als Chance und lerne daraus. Persönlichkeitsentwicklung ist ein langer, ständiger Prozess, der niemals wirklich aufhört. Würde man bei jedem Fehltritt die Flinte ins Korn werfen, würde man stehen bleiben. Genau darin liegt der Fehler. Nimm Rückschläge an, analysiere, was schief gelaufen ist und versuche, diese Dinge beim nächsten Mal zu vermeiden. Nimm dir in deinem Alltag aktiv Zeit, zu rekapitulieren und anzuerkennen, wo du dich weiterentwickelt hast. Oftmals fällt uns diese Veränderung gar nicht bewusst auf.

Du siehst: Persönlichkeitsentwicklung setzt voraus, dass du dich mit dir selbst auseinandersetzt. Erkenne und akzeptiere, wer du bist, was du kannst und wohin du möchtest. Setze dir ganz bewusst konkrete Ziele und arbeite stetig daran. Lass Veränderung zu, übernimm Verantwortung und erlaube dir vor allem, glücklich zu sein mit dem, was du tust und wo du dich im Leben befindest.

Ziele – Der Kompass des Lebens

Damit auch du deinen Weg zu deiner persönlichen Unabhängigkeitserklärung findest, möchte ich dich zu einem kleinen Experiment einladen. Dies zeigt auf eine sehr anschauliche Weise, wie wichtig und entscheidend die richtige Zielsetzung ist.

Stelle dir einmal vor, man würde dich in einer nebligen dunklen Nacht, in der du die eigene Hand kaum vor Augen sehen kannst, mitten in einem Wald aussetzen. Das Problem dabei ist, der Wald hat nur einen einzigen Ausgang und deine Aufgabe ist es nun, ohne Hilfsmittel und ohne Orientierungspunkte einen Weg aus diesem Wald zu finden. Wie gehst du vor? Wie entscheidest du, in welche Richtung du gehen sollst? Wie erkennst du, ob du auf dem richtigen Weg bist?

Schwierig, oder? Nun, ich helfe dir ein wenig. Ich schalte am Ausgang des Waldes ein helles Licht an, das bis zu dir vordringt. Wie entscheidest du nun, in welche Richtung du gehen wirst? Hilft dir dieser Fixpunkt?

Ja, und genauso verhält es sich mit Zielen. Ziele sind Fixpunkte, die uns den Weg weisen. Sie erleichtern uns zwar nicht den Weg, sie unterstützen uns jedoch dabei die Richtung beizubehalten und Schritt für Schritt darauf zuzusteuern.

Der Wald versinnbildlicht unser Leben. Schließlich kannst du nicht immer geradeaus gehen. Es gibt Bäume, Hügel, Wurzeln, Mulden und anderes, das du überwinden bzw. dem du ausweichen musst. Solange du deinen Fixpunkt hast, besteht zwar immer noch die Gefahr, dass du von deinem Weg abkommst, du verlierst deine Richtung jedoch nicht mehr aus den Augen. Egal was kommt, du hast dein Ziel vor Augen und steuerst darauf zu.

„Wer nicht weiß, wohin er will, der muss sich nicht wundern, wenn er ganz woanders ankommt."

– Mark Twain

Wozu Ziele? Ich weiß doch, was ich will!

Wenn du die 100 TOP-Unternehmer:innen nach ihren Zielen fragst, wird dir jeder einzelne von ihnen sofort ein klar definiertes Ziel nennen können. Wenn du willkürlich 100 Menschen auf der Straße nach ihren Zielen fragst, werden dir meist nur allgemeine Antworten wie „Abnehmen", „Neuer Job", „Neue Wohnung", „Mehr Geld verdienen", „Urlaub" usw. genannt oder du bekommst gleich die beste aller Antworten: „Ich weiß schon, was ich will!". Wo aber liegt der Unterschied zwischen einem konkreten Ziel und dem „Ich weiß schon, was ich will"?

Grob zusammengefasst kann man sagen: Ein konkretes Ziel ist am ehesten mit einem schriftlich ausgearbeiteten Plan zu vergleichen, wohingegen das

Hindernisse und Schwierigkeiten sind Stufen, auf denen wir in die Höhe steigen.

(Friedrich Nietzsche)

„Wissen, was man will" eher einem Wunsch gleichkommt. Das heißt also, dass der entscheidende Unterschied zwischen einem Wunsch und einem konkreten Ziel in erster Linie in der exakten Beschreibung des angestrebten Zustandes, der entsprechenden Planung und dem aktiven Handeln liegt.

Wie aus Wünschen Ziele werden

Jeder von uns hat so seine Wünsche und Träume, die er gerne verwirklichen möchte. Doch die meisten haben nie wirklich gelernt, sich diese Wünsche zu erfüllen, indem sie sich konkrete Ziele setzen, einen Plan erstellen und dann danach handeln.

Daher werden wir jetzt damit beginnen, aus Wünschen richtige Ziele zu machen. Und der einfachste Weg dorthin geht über ein Vision Board.

Doch bevor wir damit beginnen, nimm dir einen Stift und ein Blatt Papier zur Hand und schreibe einfach alles auf, was du dir wünschst, dir erhoffst, erreichen willst, usw.

Die Erinnerung an deine Wünsche!

Welche Herzenswünsche hast du dir noch nicht erfüllt und welche Wünsche aus deiner Kindheit sind dir heute noch immer wichtig? Was hast du dir schon lange vorgenommen, aber noch nicht gemacht? Welche Träume und Wünsche schlummern in dir? Schreibe alles auf, was dir einfällt. Egal, ob sich das jetzt für dich unerreichbar, unmöglich oder verrückt anhören mag. Um das „Überprüfen" und „Aussortieren" kümmern wir uns später.

Denke an Wünsche aus allen Bereichen deines Lebens (u.a. auch Gesundheit, Familie, Beruf, Finanzen, Freunde, gesellschaftliche Anerkennung, Verein, Musik, Sport, Freizeit, Bildung...). Schreibe alle Wünsche auf, die dir einfallen. Egal, ob sie in deinen Augen realistisch sind oder nicht. Bewerte vorerst nicht. Lasse deiner Fantasie freien Lauf. Schreibe alles genauso auf, wie es dir einfällt. Wir nehmen uns später die Zeit, alles zu ordnen.

Nimm dir dafür ruhig etwas Zeit. Ziehe dich in eine ruhige Ecke zurück und lasse deinen Tagträumen freien Lauf. Du kannst auch gerne ein oder zwei Tage darüber schlafen und somit etwas Zeit verstreichen lassen. So fallen dir vielleicht auch noch ein paar Wünsche ein, die du der Liste hinzufügen kannst. Mit der Zeit wächst deine Liste immer mehr.

SMARTE Ziele sind wichtig

Nehmen wir mal als Beispiel folgenden Wunsch: „Von zu Hause aus arbeiten und Geld verdienen". Ein eher sehr allgemein gehaltener Wunsch. Um diesen Wunsch nun zu konkretisieren, überprüfen wir ihn mit der S.M.A.R.T.-Technik, um daraus ein Ziel zu machen.

- **S für „spezifisch":**

Ziele müssen eindeutig definiert sein. Hier ist es wichtig, darauf zu achten, sie nicht nur vage, sondern so präzise wie möglich zu formulieren. Wie müssen wir den Wunsch spezifizieren, dass daraus ein Ziel wird? Dazu verwenden wir am einfachsten die W-Fragen: Was, Wann, Wie, Wo, usw.

Was möchte ich zu Hause tun, um damit Geld zu verdienen? Dazu gibt es z. B. Möglichkeiten wie ein (Einzel)-Training über das Internet anzubieten, ein E-Book zu schreiben, Coachings über Zoom zu verkaufen, als Affiliate zu arbeiten oder Ebay-Power-Seller zu werden.

Eine Zieldefinition kann sein: „Ich biete ein persönliches Coaching zum Thema „Mehr Webseitenbesucher" per Zoom an. Meine Kunden erhalte ich über Social-Media-Aktionen, Kauftraffic und interessante und hochwertige Webseiten-Artikel."

- **M für „messbar":**

Das Ziel muss messbar sein. Das heißt, wir müssen angeben, was alles geschehen sein muss, damit wir behaupten können, das Ziel erreicht zu haben. Am einfachsten können wir natürlich finanzielle Dinge messen. Aber auch die Kundenanzahl, die Webseitenbesucher und die Kaufrate lassen sich sehr einfach messen.

In unserem Beispiel könnte die Zieldefinition dann lauten: Bis zum 30. Juni habe ich einen Kundenstamm von 100 Kunden aufgebaut, die regelmäßig mein Coaching in Anspruch nehmen. Mit diesen Kunden erziele ich einen monatlichen Gewinn von 2.500 €.

- **A für „akzeptiert/attraktiv":**

Nur wenn du selber die Ziele als angemessen, attraktiv oder anspruchsvoll ansiehst, sind es auch wirklich deine eigenen Ziele und nicht Ziele, die dir die Gesellschaft vorschreibt. Nur der von innen kommende brennende Wunsch, ein Ziel zu erreichen, entfacht die Leidenschaft, die oft von Nöten ist, um alle Hindernisse, Probleme und Widrigkeiten zu überwinden. Ein Ziel, das – eventuell auch unterbewusst – nicht akzeptiert wird, kann Blockaden aufbauen, die es unmöglich machen, das Ziel zu erreichen.

Ein gutes Beispiel dafür sind Ziele der Eltern für ihre Kinder wie „Mein Sohn wird Arzt" oder „Unser Sohn übernimmt unseren Betrieb". Besonders schlimm wird es, wenn Kinder die Ziele der Eltern erreichen müssen, weil sie selbst ihren Traum nie verwirklichen konnten oder gar keine Chance hatten, ihren eigenen Traum zu entwickeln. Aber auch der Einfluss von Freunden oder der Gesellschaft kann Ziele vorgeben.

Was bedeutet das für unser Ziel, aus dem Homeoffice heraus zu arbeiten und dabei Geld zu verdienen? Von zu Hause aus zu arbeiten, hat seine Vor-, aber auch seine Nachteile. Es ist nicht immer erstrebenswert, die gesamte

Arbeit von zu Hause zu erledigen. Die Grenzen zwischen Beruf und Privatleben verschwimmen und können mit der Zeit zu Problemen führen. Damit muss man einverstanden sein, sonst verhindert dieses Problem das Erreichen des Ziels. Aber auch die Familie muss mit diesem Ziel einverstanden sein. Es muss ein eigenes Zimmer als Büro zur Verfügung gestellt werden.

- **R für „realistisch":**

Ziele müssen möglich sein. Da dein gewähltes Ziel dich motivieren sollte, solltest du dieses nicht zu klein setzen. Jedoch solltest du dir kein Ziel setzen, das absolut nicht realisierbar ist. Zum Beispiel innerhalb der nächsten 6 Monate einen Sportwagen zu kaufen, wenn du nur ein Gehalt von 1.000 Euro im Monat erhältst. Wenn du keine Erbschaft zu erwarten hast oder im Lotto gewinnen solltest, wird dieses Ziel aller Voraussicht nach nicht zu erreichen sein und ist somit nicht realistisch.

Ist unser Beispiel, von zu Hause aus zu arbeiten, realistisch? Als Erstes sollte überprüft werden, ob die technischen Voraussetzungen erfüllt werden können. Reicht die Geschwindigkeit des Internet-Anschlusses aus, um zu Hause zu arbeiten? Wie viele Coaching-Kunden pro Monat müssen zusätzlich gewonnen werden, um die 100 Kunden-Marke bis zum 30. Juni zu erreichen? Ist das machbar?

- **T für „terminierbar":**

Zu jedem Ziel gehört die klare Vorgabe, bis wann das Ziel erreicht sein muss. Daher sollte das Ziel terminierbar sein. Ohne einen festgelegten Zeitpunkt wird eine Aufgabe immer wieder verschoben. Wir alle kennen das Gefühl, Dinge immer wieder vor uns herzuschieben. Irgendwann ist der Haufen so groß, dass er sich nicht mehr verschieben lässt.

Termine helfen uns, nach einem festgelegten Plan vorzugehen. Um jedoch einen solchen Plan erstellen zu können, brauchen wir als Erstes einen fixen

Endtermin, an dem das Ziel erreicht sein muss. In unserem Beispiel wurde der 30. Juni als Endtermin gewählt.

S	M	A	R	T
Spezifisch	**Messbar**	**Attraktiv**	**Realistisch**	**Terminiert**
Das Ziel ist konkret, unmissverständlich und detailliert beschrieben.	*Das Ziel ist so beschrieben, dass es sowohl quantitativ (z.B. Menge, Umsatz) als auch qualitativ (z.B. Durchschnittsbewertung durch Kunden) gemessen werden kann.*	*Das Ziel ist so beschrieben, dass es für alle Beteiligten attraktiv ist.*	*Das Erreichen des Ziels muss realistisch sein.*	*Das Ziel soll zu einem definierten Zeitpunkt erreicht werden.*

Die S.M.A.R.T.-Technik

Zwei Punkte, die ich bei der Definition von Zielen noch sehr wichtig finde, sind:

1. Ziele sollten immer schriftlich festgelegt werden und
2. Sie sollten immer positiv und als schon erreicht formuliert sein.

Was bewirken klar formulierte, positive Ziele?

- Begeisternde Ziele fördern die Selbstmotivation
- Klare Ziele helfen, sich auf das Wesentliche zu konzentrieren
- Ziele ermöglichen eine permanente Zielkontrolle
- Ziele bringen Erfolgserlebnisse

- Klare Ziele stärken die Selbstdisziplin und führen zu mehr Selbstbewusstsein
- Erreichte Ziele steigern die Erfolgshaltung

Überprüfe auch, ob sich deinen Zielen innere Blockaden entgegenstellen (z. B. weniger Zeit für die Familie, die dir wichtig ist; Einschränkungen in bestimmten Bereichen, starke Veränderungen, usw.).

„Je klarer die Zielvorstellung, desto klarer der Erfolg!"
– Vera F. Birkenbihl

Warum die Zieldefinierung unbedingt schriftlich erfolgen sollte (am besten sogar handschriftlich):

- Um ein Ziel klar und präzise niederzuschreiben, musst du deine Gedanken klar ordnen
- Du musst dich auch auf einen genauen Wortlaut festlegen
- Dein Ziel wird eindeutig überprüfbar (IST und SOLL)
- Mit der genauen Festlegung, dem Fokussieren und Wiederholen/Visualisieren deiner Ziele gibst du deinem Unterbewusstsein das Signal „DAS WILL ICH!"
- Von der Hand in den Kopf – da du damit die rechte und linke Gehirnhälfte ansprichst
- Schriftliche Ziele sind ein Motivationsfaktor
- Sie verändern deine Denkprozesse

Jetzt werden wir deine Ziele konkreter definieren:

Nehmen wir wieder unser Wunsch-Beispiel „Von zu Hause aus arbeiten und damit Geld verdienen".

Aus unserem Wunschbeispiel können wir folgendes Ziel definieren: Bis spätestens zum 30. Juni habe ich mir als Coach für „Mehr Webseitenbesucher" einen Kundenstamm von mindestens 100 Coachingkunden aufgebaut, die mir einen monatlichen Verdienst von 2.500 € einbringen. Die Interessenten werden auf meine Webseite geleitet, wo ich ihnen für die Eintragung in meinen Newsletter ein kostenloses E-Book schenke. Mit hochwertigen Informationen per Newsletter wird weiter Vertrauen aufgebaut. In regelmäßigen Abständen wird auch meine Coaching-Dienstleistung per Newsletter angeboten. Durch diese Maßnahmen berate ich monatlich XXX Kunden zu einem Preis von XXX.

Folgende Schritte sind bis zum Erreichen meines Ziels (von zu Hause aus arbeiten) notwendig:

- Erstellung der Webseite
- Erstellung des E-Books
- Schreiben der Newsletter-Texte
- Schreiben der Webseiten-Artikel
- Schalten von Werbung auf Facebook, Instagram, Google
- Überprüfen der Zahlen (Webseitenbesucher, Newsletter-Eintragung, Öffnungsrate)
- Optimieren der Abläufe
- ...

Schreibe außerdem auf, warum du dieses Ziel erreichen möchtest und welche Vorteile das Erreichen dieses Ziels mit sich bringt.

Beispiel: Von zu Hause aus zu arbeiten bringt mir zum Beispiel den Vorteil, dass ich das Auto nicht mehr benötige, um damit zur Arbeit zu fahren. So kann meine Frau das Auto permanent benutzen und wir müssen kein zweites Auto kaufen. Außerdem habe ich plötzlich mehr Zeit für die Familie. Denn wenn meine Kinder mich sehen wollen, müssen sie nicht warten, bis ich von der Arbeit nach Hause komme. Ich muss nicht, kann aber zu festgesetzten Zeiten arbeiten. Somit bin ich flexibler in meiner Zeiteinteilung.

Auch wenn dieses Beispiel jetzt noch eine zu ungenaue Zieldefinition darstellt, so kann es dennoch verdeutlichen, wie du Schritt für Schritt von deiner Vision (Wunsch, Traum) zum Ziel und vom Ziel zum Plan gelangen kannst. Du hast dir bis hierhin also eine Schritt-für-Schritt Anleitung erstellt, die jetzt nur noch in die Tat umgesetzt werden muss.

„Es gibt nur zwei Sünden, nämlich zu wünschen ohne zu handeln und zu handeln ohne Ziel."

– Ayn Rand

Erlange finanzielle Unabhängigkeit

Viele Menschen streben nach Geld, sie wollen gerne reich sein; sich ein tolles Auto, einen Luxusurlaub oder ein großes Haus kaufen. Psychologisch gesehen will ein Mensch immer das, was er nicht hat. Und wenn er kein Geld hat, will er Geld. Doch spätestens wenn du einmal zu „Reichtum" gekommen bist, wirst du merken, dass das Streben danach völliger Quatsch ist. Du musst nicht reich sein, um ein glückliches und erfülltes Leben zu führen! Vermutlich bestätigt dir das jeder, der zu Reichtum gekommen ist.

Jedoch gibt es einen großen Unterschied zwischen „Reichtum" und „finanzieller Unabhängigkeit" (bzw. „finanzieller Freiheit"). Letzteres, also die finanzielle Unabhängigkeit, halte ich für erstrebenswert und essentiell wichtig. Und letztendlich ist es auch eine wichtige Säule auf dem Weg zu deiner persönlichen Unabhängigkeitserklärung.

Du brauchst keine Millionen von Euro auf deinem Konto, um glücklich zu sein, aber Schulden und finanzielle Abhängigkeit (z.B. von einem/einer Partner:in oder einem Job) machen dich ganz sicher auch nicht glücklich. Geldsorgen können einen erdrücken, können die Lebensqualität massiv mindern.

Daher habe ich eine ganz große Bitte an dich: Kümmere dich selbst um deine eigenen Finanzen!

In einem Interview für unseren Finanzkongress erklärte mir der österreichische Investor und ehemalige Investmentbanker Gerald Hörhan sinngemäß, dass ein Deutscher penibel jedes 20-Cent-Ei im Supermarkt kontrolliert, ob nicht die Schale vielleicht einen Riss hat, aber bei dem Abschluss von Versicherungen und Finanzanlagen tausende Euro aufgrund von Unwissenheit, Desinteresse und schlechter Beratung verliert.

Viele investieren mehr Zeit in ihre Urlaubsplanung, als sich mit ihren eigenen Finanzanlagen auseinanderzusetzen - und investieren groteskerweise viel Zeit, um günstige Hotels und Flüge zu finden, weil ihnen das Geld fehlt. Ein Teufelskreis.

Ich kenne Leute, die hassen ihren Job und arbeiten 40 Stunden die Woche hart, um am Monatsanfang die Miete bezahlen zu können. Sie schauen sich aber oft, maximal 1x pro Monat, Kontoauszüge an und haben noch nie ihre Versicherungspolicen durchgelesen oder eine Steuererklärung abgegeben. Manche prüfen nicht mal ihre Kreditkartenabrechnung.

Bitte! Wenn du kein solides finanzielles Grundwissen hast, dann eigne dir dieses unbedingt an! Du wirst von Banken, Versicherungen, Beratern und dem Staat gerupft wie ein Huhn! Sich regelmäßig mit solchen Themen auseinander zu setzen, spart dir unfassbar viel Geld und zeigt dir manchmal sogar neue Verdienstmöglichkeiten auf.

Eine (finanzielle) Unabhängigkeit sorgt im Wesentlichen für einen „ruhigeren Schlaf", sie lässt viele Probleme gar nicht erst aufkommen. Sie sorgt außerdem dafür, dass du mutiger Entscheidungen treffen kannst und dass du dich stärker auf „die wirklich wichtigen Themen im Leben" fokussieren kannst.

Finanziell unabhängig zu sein bedeutet für mich, dass ich zu jedem Zeitpunkt tun und lassen kann was ich will, ohne Angst haben zu müssen, am Monatsanfang meine Miete nicht bezahlen zu können. Oder anders ausgedrückt: So viel Vermögen zu besitzen, dass ich (ein solides und sparsames Leben vorausgesetzt) bis an mein Lebensende nicht mehr arbeiten müsste. Dieses Ziel hatte ich mir gesetzt. Dafür habe ich mir einen Betrag in Euro ausgerechnet und die Erreichung auf den 3. August 2012 terminiert, das war mein 30. Geburtstag. Mit einem Monat Verzug hatte ich mein Ziel dann erreicht. Natürlich habe ich das gefeiert, auf meine Art. Ich hatte niemanden, mit dem ich so detailliert über meinen Kontostand sprach. Auch heute tue ich das nur mit meiner Verlobten. Ist auch nicht meine Art, so etwas in größerer Runde zu kommunizieren.

Warum ich dir das überhaupt erzähle, hat folgenden Grund: Ich möchte dir in diesem Buch aufzeigen, was die Erlangung dieser (finanziellen) Unabhängigkeit bei mir bewirkt hat und dich damit motivieren, ebenfalls finanziell frei zu werden.

Erst als ich finanziell frei war, ersetzte ich meinen alten Audi A3 durch einen Audi Q5 und begann mit der Planung meiner Weltreise - und ließ 2014 vieles hinter mir. Innerhalb von 3 Monaten bereiste ich unter anderem die Vereinigten Arabischen Emirate, Singapur, Australien, Neuseeland, Hawaii und San Francisco. Alles keine günstigen Reiseziele. Ich verlor damals viele Kunden, Mitarbeiter:innen und auch Freundschaften. Aber die Erfahrungen, die ich machte, waren von unschätzbarem Wert. Und ich konnte alles in vollen Zügen genießen - weil ich genau wusste, wenn ich zurückkehre, stehe ich weiter auf sicheren Beinen.

Und die Gegensätze waren teilweise sehr grotesk: Während ich 2009 noch in Hostels übernachtete, teils mit wirklich ungepflegten Zimmernachbarn, gönnte ich mir 2014 unter anderem eine schicke Penthouse-Wohnung am hippen Szene-Strand „Bondi Beach" im Süden von Sydney. Zuvor lernte ich u.a. die Vorzüge der 5-Sterne Hotels „Marina Bay Sands" (Singapur) und „Emirates Palace" von Kempinski in Abu Dhabi kennen. Damals eine völlig neue Welt für mich.

In erster Linie hat bei mir die finanzielle Unabhängigkeit aber zu einem sorgenfreien Leben geführt. Ich konnte mich fortan viel stärker auf das fokussieren, was ich im Leben wirklich will. Das hat dann auch ziemlich zeitnah die Frage nach dem tieferen bzw. übergeordneten Sinn in meinem Leben auf den Plan gerufen.

Die Folge davon beschrieb ich ja zuvor in diesem Buch schon ausführlicher: Die Gründung einer Holding Gesellschaft, der Plan, diese in eine Familienstiftung zu überführen und mit fünfzig die erste Schule in Indien zu bauen.

Wenn du dieses Buch liest, dann wünsche ich mir von dir als Leser:in vor allem eins: Dass du einen konkreten Plan für deinen Weg in deine Unabhängigkeit schmiedest - und dass du diesen Plan anschließend mit voller Konsequenz umsetzt. Mein Weg in die finanzielle Unabhängigkeit führte über ein eigenes Online-Business - das kann auch dein Weg sein. Aber selbstverständlich führen auch viele andere Wege zu finanzieller Unabhängigkeit.

Wir haben nunmal nur dieses eine Leben. Und leben müssen wir es sowieso. Dann lass es uns doch direkt richtig machen. Dein Leben ist keine Generalprobe. Also bitte hör auf, Ausreden zu suchen! Hör auf, andere dafür verantwortlich zu machen, dass du deine Träume noch nicht voll auslebst - und übernimm Eigenverantwortung. Sei mutig. Es ist dein Leben. Und es liegt alleine in deiner Hand.

> *Zur persönlichen Unabhängigkeit zählt unbedingt auch die finanzielle Unabhängigkeit, die man durch Frugalismus erreichen kann. Dabei wird Geld als Mittel verwendet, um frei über seine eigene Zeit entscheiden zu können, unabhängig von einem Job.*
>
> (Valentina Dapunt)

KAPITEL 5

Spare dich reich durch Frugalismus

Wenn du den Begriff „Frugalismus" liest und dich nie intensiv mit Finanzthemen oder Sparmaßnahmen beschäftigt hast, kannst du dir wahrscheinlich schwer etwas darunter vorstellen. Dass sich dieses Finanzkonzept jedoch ideal eignet, um finanzielle Unabhängigkeit zu erreichen, beweist Valentina Dapunt. Die Österreicherin hat es mit nur 24 Jahren durch Frugalismus zum Vermögensaufbau geschafft.

Auch auf unserem Finanzkongress war Valentina bereits als Speakerin vertreten. Ich bin sehr beeindruckt von ihrer klaren und zielgerichteten Vorgehensweise beim Thema Vermögensaufbau. Umso mehr freue ich mich, dass sie sich sofort bereit erklärt hat, einen Gastbeitrag zum Thema „Frugalismus" für mein Buch beizusteuern. Der erste Kontakt zum Finanzkonzept Frugalismus entstand für Valentina allerdings durch ein komplett gegensätzliches Verhalten...

Kapitel 5

Von der Shopping Queen zur Frugalistin

Von Valentina Dapunt

Bei meinen Freunden und Verwandten war ich lange Zeit als „Shopping Queen" bekannt und besuchte damals manche Städte, nur um dort einkaufen zu können. Gleichzeitig sparte ich auch für mein erstes eigenes Auto und bemerkte kurz vor meinem Ziel plötzlich, dass ich eigentlich gar kein eigenes Auto brauche. Ich musste nämlich keine weiten Strecken zurücklegen und konnte die öffentlichen Verkehrsmittel nutzen. Also entschloss ich mich gegen den Kauf und bemerkte das positive Gefühl durch das vorhandene finanzielle Polster auf der Bank.

Doch gleichzeitig tauchte in mir die Frage auf, wofür genau ich dieses Geld nun verwenden sollte, denn ein konkretes Sparziel hatte ich keines mehr. Zu wissen, jederzeit z.B. eine Reise machen zu können, motivierte mich dazu herauszufinden, wie es möglich wäre, ein noch größeres finanzielles Polster zu generieren. Eines Tages stieß ich dann zufällig auf ein Video über Frugalismus. Der Begriff lässt sich aus dem lateinischen Wort „frugalis" herleiten, was einfach, sparsam, genügsam oder auch bescheiden bedeutet. Das Ziel des Frugalismus ist es, finanzielle Unabhängigkeit zu erreichen und damit nicht vom Arbeitgeber, Staat, dem Partner oder von den Eltern finanziell abhängig zu sein.

Dafür gibt es bestimmte Strategien, die sich rund um das Thema Sparen, Investieren und ein bestimmtes finanzielles Mindset drehen. Und in diesem Moment ahnte ich, dass sich diese Finanzstrategie perfekt für mich eignet. Denn so ließen sich die finanzielle Freiheit plus der Fokus auf die wichtigen Dinge des Lebens verbinden. Würde ich nämlich weiterhin jeden Monat bewusst mit meinem Geld umgehen, Überschüsse sparen und dieses Geld dann investieren, könnte sich mein Traum von der finanziellen Unabhängigkeit schneller erfüllen.

Die Grundprinzipien des Frugalismus

Beim Frugalismus geht es darum, seine Ausgaben zu hinterfragen, um unnötige Kosten zu streichen. Dabei geben Frugalisten hauptsächlich nur Geld für Dinge aus, die ihnen wichtig sind und auch wirklich Freude bereiten. Durch dieses Prinzip entsteht automatisch eine gewisse Sparquote und die Einnahmen übersteigen die Ausgaben. Zusätzlich gibt es dabei verschiedene Strategien, um die Differenz zwischen den Einnahmen und Ausgaben noch weiter zu erhöhen, zum Beispiel durch weitere Einnahmequellen. Letztendlich bleibt für dich so jeden Monat eine fixe Summe übrig, die sich investieren lässt, um finanzielle Unabhängigkeit zu erreichen. Wichtig ist mir hierbei zu betonen, dass Frugalisten nicht faul sind und nie mehr arbeiten möchten. Sondern sich einfach die Möglichkeit schaffen, mehr Entscheidungsfreiheit zu besitzen und damit auch die Kontrolle über die eigene Zeit zurückgewinnen, indem sie bewusst mit ihrem Geld umgehen. Für Dinge oder Aktivitäten, die dir Freude bereiten, soll auch weiterhin Geld ausgegeben werden. Das ist für jeden etwas anderes – ich gehe beispielsweise gerne Essen, du hast vielleicht andere teure Hobbies. Eine gute Balance ist wichtig – der Weg zur finanziellen Freiheit soll auf jeden Fall auch Spaß machen!

Unterschied zum Minimalismus

Minimalismus und Frugalismus werden oft verwechselt, sind aber nicht komplett identisch. Während Minimalisten sich vor allem in materieller und nicht materieller Hinsicht auf das Wesentliche konzentrieren und sich mit Reduktion von Unnötigem beschäftigen, steht das Geld hier nicht so im Vordergrund. Obwohl Minimalisten auch bewusst konsumieren, kann es sein, dass sie höhere Ausgaben haben als Frugalisten, weil sie zum Beispiel viel Geld für Essen gehen, Mobilität oder hochwertige Produkte ausgeben.

So lässt sich das höchste Sparpotenzial erkennen

Um das höchste Sparpotenzial im Alltag zu erkennen, lohnt sich zunächst der Blick auf die größten Ausgaben der Deutschen und Österreicher. Denn dort stehen die Miete, das eigene Auto, zudem das Konsumverhalten sowie Versicherungen ganz oben. Genau dort solltest du als Einsteiger ansetzen und dir diese Ausgaben ganz genau anschauen. Dabei hilft es zum Beispiel, unnötige Abonnements zu kündigen oder aber sich beim Wohnraum zu verkleinern und dementsprechend dann auch weniger Miete zu bezahlen.

Wenn du dann beispielsweise statt 1.000 Euro pro Monat nur noch 600 Euro bezahlst, kannst du monatlich schon 400 Euro beiseitelegen und dieses Geld wiederum investieren. Auch beim Auto verbirgt sich ein hohes Sparpotenzial. Indem du näher an deinen Arbeitsplatz ziehst oder auf Verkehrsmittel oder das Fahrrad umsteigst, kannst du mehrere Tausend Euro im Jahr sparen. Hinzu kommen Foodsharing-Angebote oder Kleidertausch-Partys, die dann nicht nur Kosten sparen, sondern auch nachhaltig sind. Vielleicht hast du auch in der Vergangenheit eine Versicherung abgeschlossen, die du gar nicht mehr brauchst. Wer dort die Preise vergleicht und unnötige Versicherungen kündigt, kann seine zusätzlichen Ausgaben verringern.

Sparen ist Übungssache

Diese Tipps hören sich vielleicht zunächst nach einem großen Verzicht an, doch ich kann dich beruhigen. Bewusster Konsum und geringere Ausgaben können sehr befreiend sein. Wenn du deine Fixkosten reduzierst, sparst du nach einmaligem Aufwand jeden Monat automatisch Geld. Außerdem fiel mir schon, bevor ich Frugalismus entdeckt habe, auf, dass mein vorheriger Konsum meistens keinen bestimmten Grund hatte und vor allem hat er mich nicht glücklicher gemacht. So geht es meiner Meinung nach vielen

Menschen, die oftmals nur aus Frust oder Langeweile einkaufen. Sobald sie diese Tatsache erkennen, fällt die Umstellung viel leichter. Wichtig ist dabei, dass du als Frugalist nicht nur zuhause sitzen sollst, um Ausgaben einzusparen. Stattdessen solltest du den Fokus eher auf die wirklich wichtigen und schönen Dinge des Lebens lenken. Wenn also die Wohnung weniger Quadratmeter hat und sich dadurch die Reinigungszeit verringert, bleibt mehr Freizeit übrig. Sparen hat also oft auch nicht-finanzielle Vorteile.

Die spezifischen Vorteile des Frugalismus

Einer der spezifischen Vorteile des Frugalismus hat sich für mich besonders in Krisenzeiten offenbart. Denn dort müssen viele Arbeitnehmer:innen, die beispielsweise Kurzarbeitergeld beziehen, plötzlich mit weniger Geld auskommen und ihr vorhandenes Budget neu einteilen. Weil Frugalisten jedoch schon grundsätzlich weniger Ausgaben haben und auch bewusster konsumieren, stellt eine Krisensituation keine so große Umstellung dar. Somit wird klar, dass sich diese Strategie durch ihre Flexibilität und Anpassungsfähigkeit auszeichnet.

Außerdem entdeckte ich auch schnell einen großen Vorteil für meine Selbstständigkeit. Dadurch, dass ich nur geringe Ausgaben hatte, konnte ich schneller von meinen eigenen Projekten leben. Für deine mögliche Selbstständigkeit kann dir der Frugalismus somit einen erheblichen Druck abnehmen, da du weißt, dass auch ein kleines Budget für die nötigsten Ausgaben ausreicht.

Auch bei den Investitionen selbst zeigt sich ein erheblicher Vorteil des Frugalismus. Denn auch dort gilt es, seine Käufe zu hinterfragen und nicht blind hohe Summen auf eine einzige Aktie zu setzen.

Hohe Einnahmen beschleunigen den Vermögensaufbau

Wenn du dich für den Frugalismus entscheidest und damit einen Vermögensaufbau anstrebst, solltest du jedoch den Faktor Einnahmen nicht unterschätzen, denn irgendwann lassen sich keine Ausgaben mehr einsparen. Niemand kann schließlich mehr sparen als er verdient, somit sollten an diesem Punkt die Einnahmen in den Fokus rücken. Je mehr du einnimmst, desto mehr kannst du für deinen Vermögensaufbau investieren. Deshalb rate ich dir dazu, deine beruflichen Einnahmen zu hinterfragen und mit dem Chef über das aktuelle Gehalt zu verhandeln oder gegebenenfalls mal den Arbeitgeber zu wechseln.

Eine weitere Möglichkeit für höhere Einnahmen sind Weiterbildungen, um durch mehr Wissen bei z.B. Gehaltsverhandlungen besser abschneiden zu können. Wer sich kontinuierlich weiterbildet und sich ganz neue Fähigkeiten aneignet, kann dieses Wissen dann sogar für eine eigene Selbstständigkeit nutzen, um noch freier zu arbeiten. Ich sehe das Ziel der finanziellen Unabhängigkeit auch als Prozess an, der sich beschleunigen lässt, wenn die Einnahmen möglichst hoch sind.

Vermögensaufbau, Sparquote und 4% - Regel

Eine wichtige Frage, die du dir als Einsteiger:in sicher stellst, betrifft die Zeitspanne bis zum ersten richtigen Spareffekt und Vermögensaufbau. Diesen ersten Effekt definiere ich mit der Summe von 10.000 Euro. Denn der Unterschied zwischen 0 und 10.000 Euro auf deinem Konto ist für den Anfang besonders eindrucksvoll und mit dieser Summe kannst du bei geringen Ausgaben schon einige Monate auskommen – ein erstes Gefühl von finanzieller Sorglosigkeit macht sich breit.

Doch wie viel Vermögen braucht man für die finanzielle Unabhängigkeit, sodass du all deine Ausgaben durch passive Einnahmen decken kannst? Das kommt ganz auf die Höhe deiner Ausgaben an.

Laut 4 %-Regel solltest du das 25-fache deiner jährlichen Kosten an investiertem Vermögen besitzen. Wie lange es dauert, bis du finanziell frei bist, hängt von deiner Sparquote ab. Wer zum Beispiel 50 Prozent seiner monatlichen Einnahmen spart, kann laut 4% Regel in ca. 17 Jahren finanzielle Unabhängigkeit erlangen. Diese Zahl ist dabei nur ein Richtwert und orientiert sich an fünf Prozent Rendite des Gesamtvermögens pro Jahr und 4 % Entnahmerate, Inflation ist mit einberechnet, Steuern aber nicht. Wenn du hingegen bis zu 80 Prozent deiner Einnahmen einsparst, kann sich diese Jahreszahl auch auf fünf bis sieben Jahre reduzieren. Je höher deine Sparquote, desto schneller bist du finanziell frei.

Mögliche Risiken beim Investieren

Wer durch Frugalismus Geld einsparen konnte und dieses dann investieren möchte, sollte sich zunächst einmal ganz genau informieren, welche Investments es gibt. Es entsteht ein großer Risikofaktor, wenn Anleger:in zum Beispiel blind irgendwelchen Empfehlungen vertrauen, ohne sich selbst damit beschäftigt zu haben oder sich zu schnell entscheiden. Außerdem solltest du als Frugalist immer einen „Notgroschen" besitzen und nicht dein gesamtes Vermögen investieren. Wenn dann die Waschmaschine kaputt geht oder andere plötzliche Ausgaben auftauchen, entstehen somit keine finanziellen Engpässe. Hier hat es sich für mich bewährt, zunächst mit kleinen Beträgen von 25 Euro pro Monat zu starten. So lässt sich erkennen, ob die jeweilige Investmentstrategie optimal passt und bei möglichen Kursschwankungen auch psychisch keine Belastung auslöst. Generell solltest du also nur das Geld investieren, dass du wirklich besitzt und auch langfristig nicht für die monatlichen Fixkosten brauchst.

Meine private Investmentstrategie

Beim Vermögensaufbau durch Frugalismus gehört Investieren dazu, doch wo genau du investieren möchtest, bleibt dir überlassen. Ich habe mich hauptsächlich für ETFs entschieden und bespare diese mithilfe von breit gestreuten Sparplänen. Diese Exchange Traded Funds (ETFs) werden wie Aktien an der Börse gehandelt und Anleger:innen können ETFs überall dort erwerben, wo sie auch Aktien handeln können. Die meisten nutzen dafür einen Online Broker oder eine traditionelle Bank, wobei bei letzterer oft deutlich höhere Gebühren anfallen. Durch die verschiedenen Aktien sinkt das Risiko für Investoren, weil nicht eine einzige Aktie im Fokus steht und die Gewinne bzw. Verluste ausschließlich davon abhängen.

Mir war es sehr wichtig, breit zu investieren und dafür nicht zu viel Zeit aufbringen zu müssen. Mit meinen einmal aufgestellten Sparplänen für ETFs kann ich so quasi die gesamte Weltwirtschaft abdecken. Diese Sparpläne müssen nicht monatlich angepasst werden, sondern bleiben bestehen, bis ich mich für eine Änderung entscheide. Zusätzlich investiere ich auch einen kleineren Teil in Einzelaktien, P2P-Kredite und Kryptowährungen. Ich kann aus meiner eigenen Erfahrung verraten, dass dadurch hohe Renditen möglich sind. Trotzdem sollten sich Einsteiger:innen zunächst ausführlich informieren und dabei zum Beispiel Bücher und auch kostenlose Online-Tutorials mit einbeziehen.

Dein Weg zur finanziellen Unabhängigkeit

Wenn dich mein Kapitel zum Thema Frugalismus inspiriert hat und du damit starten möchtest, dann lohnt sich als allererstes ein Blick auf deine aktuellen Ausgaben. Nutze dafür eine Liste und schreibe dir entweder ab heute oder rückwirkend alles auf, wofür du Geld ausgibst oder ausgegeben hast. Dafür kannst du auch deine Kontoauszüge überprüfen, denn oftmals verstecken sich darunter vermeintlich kleine Summen, die dir vielleicht bei einem ersten Gedanken nicht bewusst sind.

Danach steht die Analyse der Ausgaben an: Welche davon sind eigentlich unnötig? Welche Ausgaben kannst du mühelos reduzieren? Anschließend rückt das Thema Investments in den Fokus. Natürlich brauchst du einen guten Überblick über die verschiedenen Möglichkeiten, um deine passende Anlagestrategie zu finden. Indem du deine Einnahmen erhöhst, schaffst du es, deine Sparrate noch weiter zu steigern. Mit diesen ersten kleinen Schritten ebnest du dir deinen Weg zur finanziellen Unabhängigkeit.

Über Valentina Dapunt

Valentina ist Gründerin, Investorin und fast-fertige Medizinstudentin, die andere von den Themen Frugalismus und Finanzielle Unabhängigkeit begeistert. Während sie früher als „Shopping Queen" viel konsumiert hat, investiert Valentina ihr Geld nun gewinnbringend und strebt die finanzielle Freiheit an. Unter „minimal frugal" gibt sie Tipps zum Thema bewusster konsum, mehr Geld verdienen und berichtet über die verschiedenen Möglichkeiten, Geld anzulegen. Sie zeigt, dass sich Geld sparen auch mit einem erfüllenden und freudvollen Leben vereinbaren lässt.

www.minimalfrugal.com/blog/

@minimal_frugal

Persönlichkeit führt, Geld folgt.
(Philipp J. Müller)

KAPITEL 6

Die 12 Punkte GeldRICHTIG-Strategie

Überglücklich war ich über die Zusage von meinem Finanzmentor Philipp J. Müller, als er sich dazu bereiterklärte, ebenfalls ein wertvolles Buchkapitel beizusteuern. Die Bedeutung von finanzieller Bildung und finanzieller Unabhängigkeit für ein freies, selbstbestimmtes Leben kann kaum ausdrücklich genug betont werden.

Man kann es schon als verrückt bezeichnen, wofür wir uns im Leben alles einen Coach, Trainer oder Ausbilder nehmen. Das man etliche Fahrstunden bei einem/einer Fahrlehrer:in nimmt, bevor man sich alleine hinter das Steuer eines Autos setzt, ist für die meisten selbstverständlich. Nur gerade beim Thema Finanzen vertrauen wir nur allzu oft auf den Rat derjeningen, die selbst nicht finanziell frei sind.

2014 war Philipp J. Müller Teilnehmer von meinem Seminar in Hamburg. Er sprach mich in einer Pause an und schnell war klar: Es gibt hier zahlreiche Schnittmengen. In der Folge wurde ich Philipps Coach zum Thema Online Marketing - und er meiner zum Thema Finanzen. Philipp ist nicht nur Black Bull Award-Gewinner und Spiegelbestseller-Autor; er ist Selfmade Börsen-Multimillionär. Philipp "lebt die Börse" und das seit über 20 Jahren.

Doch viele träumen zu schnell vom großen Geld an der Börse - machen aber zuvor ihre Hausaufgaben nicht. Bitte macht diesen Fehler nicht und setzt auf seine 12 Punkte GeldRICHTIG-Strategie.

Kapitel 6

Endlich finanziell frei

Von Philipp J. Müller

Stell' dir einmal vor, du reist für einen neuen Job zu einem neuen Unternehmen. Du bist hochmotiviert und möchtest vom ersten Tag an Gas geben. Doch als du ankommst, findest du weder einen Schreibtisch noch einen Stuhl, geschweige denn einen Laptop vor. Das gesamte Gebäude ist völlig chaotisch und du findest auch keine Kollegen, die dir weiterhelfen könnten.

Unter solchen Voraussetzungen kannst du keine produktive Arbeit für das Unternehmen leisten, so sehr du auch willst. Mit deinem Geld ist das kein bisschen anders: Es kann erst dann produktiv für dich arbeiten und dich dabei unterstützen, deine Ziele zu erreichen, wenn du die entsprechenden Grundlagen dafür geschaffen hast.

Bevor du dich also mit Investments und Anlagestrategien beschäftigst, darfst du dich zunächst um ein solides Fundament kümmern, um deine Finanzen in den Griff zu bekommen und deinen zukünftigen Wohlstand aufzubauen. Dieses Fundament kreierst du dir mit deiner Persönlichkeit.

Denn es kommt immer an erster Stelle die Persönlichkeitsentwicklung und dann folgt das Geld. Dass es umgekehrt nicht funktioniert, siehst du an den Beispielen zahlreicher Lottogewinner. Sie sind schnell zu einer großen Menge Geld gelangt und haben sich damit wortwörtlich finanzielle Paläste gebaut. Aufgrund des fehlenden Fundaments sind diese jedoch genauso schnell wieder eingestürzt und heute stehen die Gewinner finanziell an demselben Punkt wie zuvor.

Damit dir das nicht passiert und du das Thema Geld nachhaltig in den Griff bekommst, habe ich die GeldRICHTIG-Strategie entwickelt. Sie hilft dir dabei, eine stabile Basis für deine Finanzen zu schaffen, auf der du langfristig dein Vermögen und deine finanzielle Freiheit aufbauen kannst.

Meine 12 Tipps - So nimmst du Kurs auf deinen langfristigen Wohlstand

Schließe Frieden mit dir und deiner finanziellen Situation

Der erste Schritt mag dich überraschen und es kann gut sein, dass du diesen Tipp zum ersten Mal im Zusammenhang mit deinen Finanzen hörst. Umso wichtiger ist es mir, ihn zu betonen. Egal, an welcher Stelle du heute finanziell stehst, ob du bereits ein gewisses Vermögen besitzt, jeden Monat bei Null herauskommst oder Schulden hast: Akzeptiere die Situation so, wie sie ist und schließe Frieden mit dir selbst.

Denn du hast in deinem Leben ganz bestimmt immer nach deinem aktuellsten und besten Wissensstand gehandelt und Entscheidungen getroffen. Deine heutige finanzielle Situation spiegelt lediglich wider, wie weit dein Wissen war. Und die Wahrheit in Deutschland ist: Wenn du nicht in einer wohlhabenden Familie groß geworden bist, hattest du keine Chance zu lernen, wie Geld richtig funktioniert.

In deutschen Schulen entfallen bis zum Abitur gerade einmal zehn bis zwanzig (!) Stunden auf Geldbildung, wobei der Großteil darin besteht, die Bedeutungen der Münzen und Scheine zu erlernen. Und wenn deine Eltern nicht vermögend waren, hattest du schlichtweg niemanden, der dir gezeigt hat, wie du Geld und Finanzen handhabst.

Deswegen ist es wichtig, dass du mit dir selbst und deiner finanziellen Situation Frieden schließt. Den richtigen Umgang mit Geld konntest du in deinem Leben bisher einfach nicht erlernen. Halte es ähnlich wie mit dem Autofahren: Hier bist du auch nicht sauer auf dich selbst, weil du es in der Schule nicht gelernt hast. Du akzeptierst die Situation und verwendest deine Energie lieber darauf, eine Fahrschule zu besuchen und das Autofahren zu lernen. Danach kannst du es. Mit Geld ist es kein bisschen anders.

Übernimm Eigenverantwortung

Willst du deine Finanzen in den Griff bekommen und nach deinen eigenen Wünschen gestalten, ist es unumgänglich, dass du Eigenverantwortung dafür übernimmst. Denn nur das, worum du dich selbst kümmerst, kannst du auch steuern und dementsprechend deine Ergebnisse beeinflussen.

Das bedeutet auch, dass du die Verantwortung für dein Geld nicht mehr an eine/n Bank- oder Anlageberater:in abgibst. Denn solange dein Bankberater selbst kein Millionär ist, wird er dir auch nicht dabei helfen können, zu mehr Wohlstand zu gelangen. Wenn du lernen möchtest, wie das Fischen funktioniert, fragst du schließlich auch den Fischer mit dem prall gefüllten Eimer und nicht den erfolglosen Angler daneben.

Analysiere, wo du heute stehst

Wenn du eine Reise an ein bestimmtes Ziel planst, ist es nicht nur wichtig, dein Ziel zu kennen. Du musst auch wissen, von wo du startest. Von Köln sieht die Reise nach Frankfurt anders aus als von Berlin und wenn du die beiden Wegbeschreibungen vertauschst, wirst du nie in Frankfurt ankommen.

Um deine finanziellen Ziele zu erreichen, darfst du dich zunächst mit dem Status quo auseinandersetzen. Wo stehst du heute? Wie hoch sind dein

Einkommen und deine Ausgaben? Wie groß ist dein Vermögen? Hast du noch Schulden oder Verbindlichkeiten?

Mache Geld zu einer Priorität in deinem Leben

Der Grund, warum du heute finanziell dort stehst, wo du stehst, besteht zu einem großen Teil in deiner Beziehung zum Geld. Es ist nicht nur so, dass du in der Schule, in der Ausbildung oder im Studium nicht lernst, wie Geld richtig funktioniert. Du übernimmst in deiner Kindheit zusätzlich auch noch zahlreiche negativen Überzeugungen, was das Thema Geld betrifft. Das glaubst du nicht? Dann fühle einmal in dich hinein, was die folgenden beiden Sätze in dir auslösen:

„Ich liebe meine Gesundheit so sehr wie meine Familie."

„Ich liebe mein Geld so sehr wie meine Familie."

Wenn der zweite Satz in dir ein Gefühl der Empörung oder des Unbehagens auslöst, weißt du, dass du an deinen Überzeugungen zum Thema Geld noch arbeiten darfst. Denn Geld ist ein neutrales Tauschmittel. Es sind die Bedeutungen, die Menschen dem Geld beimessen, die für den negativen Beigeschmack sorgen.

Denn es ist natürlich einfacher, einen äußeren Faktor wie Geld für die Beziehungsprobleme, den Misserfolg im Beruf oder andere Dinge verantwortlich zu machen, als selbst die Verantwortung dafür zu übernehmen und Geld als das zu sehen, was es ist: neutrale und wertfreie Energie, die du einsetzen kannst, um deine Ziele zu verwirklichen. Und in dieser Form kann Geld auch deiner Familie oder deiner Gesundheit dienen. Weil du beispielsweise deine Arbeitszeit verkürzen und damit mehr Zeit mit deinen Kindern verbringen oder dir hochwertige Lebensmittel kaufen kannst.

Wenn du an deiner finanziellen Situation etwas verbessern möchtest, ist es wichtig, dass du damit beginnst, dein Geld zu lieben und es zu einer Priorität zu machen. Genauso wie zum Beispiel deine Gesundheit und deine Familie. Achtung: Das bedeutet nicht, dass du Geld über deine Familie oder deine Gesundheit stellst. Aber auch nicht darunter.

Ein regelmäßiges Rendezvous mit deinem Geld

Willst du langfristig eine gute Beziehung mit deiner Partnerin oder deinem Partner haben, darfst du dir regelmäßig Zeit für gemeinsame Stunden nehmen, in denen du mit deiner vollen Aufmerksamkeit da bist. Ignorierst du deine bessere Hälfte dagegen, wird die Beziehung nicht von langer Dauer sein.

Bei deinen Finanzen ist es nicht anders. Möchtest du deine finanzielle Situation verbessern, ist es unumgänglich, dass du dir regelmäßig Zeit für dein Geld nimmst. Setze dir daher einen festen Termin in deinem Kalender, an dem du dich mit voller Aufmerksamkeit mit deinen Finanzen beschäftigst. Dieser Termin gehört dann genauso zu deinem Tagesablauf wie der Sport, der monatliche Kegelabend oder der Routinebesuch beim Arzt.

Kenne dein Warum

Sich neue Vorsätze zu setzen ist das eine, sie konsequent umzusetzen das andere. Bestimmt hast du dir zu Silvester auch schon einmal neue sportliche Ziele gesetzt, das regelmäßige Joggen aufgrund des kalten Wetters dann aber schnell wieder aufgegeben. Der Grund dafür liegt jedoch nicht in den Minusgraden oder der unangepassten Kleidung, sondern in deiner mangelnden Motivation. Dein Warum ist nicht stark genug. Beschließt du dagegen mit dem Joggen zu beginnen, weil sich dein Arzt und deine Kinder Sorgen um deinen gesundheitlichen Zustand machen, ist deine Motivation eine ganz andere und du läufst auch bei Starkregen mit Gegenwind.

Damit es dir leichter fällt, dich mit deinen Finanzen auseinanderzusetzen und den Termin mit deinem Geld einzuhalten, brauchst du auch hierfür ein starkes Warum. Denn Geld ist Freiheit, ein neutrales Tauschmittel. Potenzielle Energie, die du für deine persönlichen Wünsche, Träume und Ziele einsetzen kannst. Es geht beim Geldverdienen nie um das Geld selbst, sondern immer um den Grund dahinter. Das ist dein ganz persönliches Warum, das was dich antreibt.

Es ist daher wichtig, dass du dir deinem eigenen Warum bewusst wirst. Das kann deine Familie, deine Freiheit oder die Weltreise sein, die du schon immer machen wolltest. Die wohltätige Organisation, die du unterstützen möchtest oder einfach mehr Zeit, die du dir für deine Hobbies wünschst.

Gehe in dich und mache dir darüber sorgfältig Gedanken. Denn ohne ein starkes Warum ist es schwierig, deine Ziele zu erreichen, egal in welchem Lebensbereich.

Systematisiere deine Finanzen mit dem Töpfemodell

95 Prozent unserer Tätigkeiten verrichten wir auf Autopilot, ohne bewusst darüber nachzudenken. Anders könnten wir gar nicht überleben. Stell' dir einmal vor, du müsstest beim Zähneputzen und beim Frühstück jeden einzelnen Handgriff neu überdenken und die Wege zwischen Schlaf-, Badezimmer und Küche jeden Morgen täglich wieder berechnen – du wärst bereits ausgelaugt, bevor der Morgen begonnen hat. Weil all diese Abläufe aber unterbewusst und automatisch ablaufen, meisterst du diese komplexen Tätigkeiten wie nebenbei jeden Tag.

Wenn du deine Finanzen langfristig in den Griff bekommen möchtest, darfst du auch hierfür ein System implementieren, das auf Autopilot läuft, ohne dass du weiter darüber nachdenken musst. Wenn du dieses System einmal in dein Leben integrierst und es umsetzt, kannst du es langfristig nicht mehr verhindern, wohlhabend zu werden.

Richte dir hierfür nach dem sogenannten Töpfemodell fünf Unterkonten ein, auf die du jeden Monat dein Einkommen aufteilst. 50 Prozent fließen auf das Konto für deine Lebenshaltungskosten (Lebensmittel, Mobilität, Miete etc.), 10 Prozent auf ein Konto für große Anschaffungen (z.B. eine Waschmaschinenreparatur), 10 Prozent auf ein Konto für Bildung und Spaß, 10 Prozent auf ein Konto für Spenden und 10 Prozent auf ein Konto für das Sparen und Investieren.

Das langfristige Ziel besteht darin, dass dir der letzte Topf eines Tages dein gesamtes Einkommen bezahlen kann. Die genauen Prozentzahlen für die Aufteilung der Töpfe kannst du je nach Einkommen und Lebensphase deiner individuellen Situation anpassen. Setze die Kosten für die Lebenshaltung aber so niedrig an, dass du dich strecken musst. Auch wenn Sparen häufig einen negativen Beigeschmack des Verzichtens hat: Mit jedem Euro, den du einsparst, investierst du in deine eigene finanzielle Freiheit, anstatt andere durch deinen Konsum zu bezahlen.

Erhöhe dein Einkommen

Wenn du vermögend werden willst, genügt es jedoch nicht ausschließlich zu sparen, denn beim Sparen bist du immer begrenzt. Weniger als 0 Euro ausgeben kannst du nicht. Die effektivere Stellschraube liegt in deinem Einkommen, denn dein Einkommen ist theoretisch unbegrenzt und richtet sich immer nach dem Mehrwert, den du anderen Menschen gibst.

Es gibt zahlreiche Möglichkeiten, dein Einkommen zu erhöhen. Als Angestellter kannst du mehr verdienen, wenn du deine Arbeit mit viel Engagement und Einsatz verrichtest und das direkte Gespräch mit deinem Vorgesetzten oder Personalchef bezüglich deiner Bezahlung suchst.

Außerdem kannst du dir neben deinem Beruf ein zusätzliches Einkommen aufbauen, indem du beispielsweise dein Hobby oder deine Leidenschaft monetarisierst. Jeder Mensch besitzt Talente und Fertigkeiten, die ihm mühelos und voller Freude von der Hand gehen, während andere diese Tätigkeit als höchst unliebsam empfinden.

Vielleicht hast du in deinem Leben auch schon vor Herausforderungen und Problemen gestanden, die du erfolgreich lösen konntest und bist nun in der Lage, anderen Menschen dabei zu helfen, solche Probleme ebenfalls zu überwinden. Werde kreativ – wenn du einen Mehrwert gibst, kommt auch immer etwas zu dir zurück.

Baue deine Schulden ab

Schulden sind ein schwerer Rucksack, den du durch dein Leben trägst. Nicht nur aufgrund der Zinsen, die du zahlst, sondern vor allem wegen der mentalen Belastung, die sie dir auferlegen.

Wenn du keine Schulden hast, dann bleibe auch schuldenfrei. Schulden für Konsum zu machen ist einer der häufigsten und unklügsten finanziellen Fehler, den du begehen kannst. Schulden bringen dich aufgrund der Zinsen in einen Kreislauf, aus dem du häufig nur mit großer Mühe wieder ausbrechen kannst.

Wenn du Schulden hast, stelle einen genauen Plan auf, wann und wie du sie zurückzahlen wirst. Sprich mit deinen Gläubigern und teile ihnen deine Pläne zur Begleichung der Schulden mit. Mit fast allen Gläubigern kannst du die Bedingungen für die Rückzahlung zu deinen Gunsten verhandeln.

Baue dir ein finanzielles Polster auf

Auch wenn du Schulden hast, ist es wichtig, dass du dir gleichzeitig ein finanzielles Polster aufbaust und dein Vermögen wachsen sehen kannst.

Die sichtbaren Fortschritte motivieren dich und du programmierst damit dein Unterbewusstsein auf Fülle und Reichtum. Im Töpfemodell dient dir hierfür der Spartopf.

Der erste Schritt besteht dabei darin, dir ein sogenanntes „Ruhig-Schlafen-Konto“ aufzubauen, auf dem du als Angestellter zwölf Nettomonatsgehälter, als Selbstständiger achtzehn Nettomonatsgehälter verfügbar hast. Dieses Konto dient dir für Notfälle, wenn du zum Beispiel krankheitsbedingt nicht arbeiten kannst, du deinen Job verlierst oder es zu einem Ausfall von Aufträgen kommt.

Der Name ist beim „Ruhig-Schlafen-Konto“ Programm. Es gibt dir eine gewisse Souveränität und Ruhe, um in solchen Ausnahmesituationen überlegt reagieren und frei entscheiden zu können und nicht aufgrund von finanziellen Verpflichtungen zum Handeln und zu Kompromissen gezwungen zu sein.

Hast du deine finanzielle Reserve aufgefüllt, beginnst du Schritt für Schritt damit, Geld anzusammeln, das du für dich arbeiten lassen kannst.

Spenden

Das Thema Spenden liegt mir persönlich besonders am Herzen. Du kannst grundsätzlich nicht nur Geld spenden, sondern auch Zeit, indem du ehrenamtlich arbeitest oder Know-How, indem du dein Wissen zur Verfügung stellst. Du kannst damit Projekte unterstützen, die dir persönlich am Herzen liegen und aktiv einen Beitrag leisten zu einer Welt, in der du gerne leben möchtest.

Spenden ist jedoch auch für deinen Vermögensaufbau von entscheidender Bedeutung. Das mag auf den ersten Blick unlogisch klingen, da du von deinem Geld ja etwas abgibst und folglich selbst weniger zur Verfügung hast.

Es ist jedoch so, dass alles, was du gibst, früher oder später zu dir zurückkommt. Nicht zwingend als Geldbetrag, aber in jedem Fall als Gelegenheit, Chance oder glückliche Fügung.

Erfolgreiches Investieren lernen

Zu lernen, wie du durch Investieren dein Geld vermehrst, ist der Turbo für deinen Vermögensaufbau. Wenn du finanziell frei werden willst, führt kein Weg daran vorbei. Wenn du weißt, wie Investieren funktioniert, machst du dein Geld zu einer zweiten Arbeitskraft, die Tag und Nacht für dich tätig ist.

Durch den Zinseszinseffekt wird dieses Wachstum dabei immer stärker, bis du an den Punkt angelangst, an dem deine Kapitalerträge deine gesamten monatlichen Ausgaben decken. Dann bist du finanziell frei, denn du kannst das tun, was du willst, wie du willst, wo du willst, wann du willst, mit wem und so oft du willst. Dein monatliches Gehalt zahlt dir dein Geld, das rund um die Uhr für dich arbeitet.

Der Geldbetrag, den du dafür benötigst, ist geringer, als du denken magst. In der Regel genügt hierfür eine mittlere 6-stellige Summe, je nach Zielsetzung kommst du auch bereits mit deutlich weniger aus.

Wenn du diese 12 Punkte umsetzt und in dein Leben integrierst, hast du das Fundament dafür gelegt, deine Finanzen in den Griff zu bekommen, einen ganz neuen Umgang mit Geld zu erleben und langfristig deinen Wohlstand aufzubauen.

Ich wünsche dir viel Glück und Erfolg mit unserer GeldRICHTIG-Strategie, die ich folgend noch mal kurz für dich zusammenfasse.

1. Finde dein persönliches Warum
2. Schließe Frieden mit dir, auch wenn du bisher Geldprobleme hast
3. Entscheide dich dafür, dein Geld in die eigenen Hände zu nehmen, übernimm die Verantwortung
4. Lerne unser Finanzsystem zu verstehen
5. Verabrede ein regelmäßiges Rendezvous mit deinem Geld
6. Stelle deinen Status quo fest
7. Zahle deine Schulden ab
8. Setze das Töpfesystem um
9. Fokussiere dich auf Monetarisierung
10. Investiere in Sachwerte
11. Beginne konsequent zu sparen
12. Spende und hilf anderen Menschen

Wenn du lernen möchtest, wie du dieses Wissen umsetzen kannst und wie erfolgreiches Investieren in der Praxis funktioniert, bist du herzlich zu meinem kostenlosen Online-Workshop eingeladen, den du auf

► www.pjmueller.de/workshop

besuchen kannst. Dort lernst du in rund 75 Minuten komprimiert die wichtigsten Regeln kennen, um dein Geld erfolgreich für dich arbeiten zu lassen. Unter anderem lernst du, wie Investieren funktioniert, wie du geschickt deine Aktien absichern kannst und durch Vermietung von Qualitätsaktien ein regelmäßiges Einkommen generierst.

Über Philipp J. Müller

Philipp J. Müller ist Selfmade-Multimillionär und SPIEGEL-Bestseller-Autor. In seiner PJM Investment Akademie, einem der wenigen staatlich anerkannten Bildungsinstitute im Finanzbereich, hilft er seinen Teilnehmern dabei, ein neues Geldbewusstsein zu entwickeln und ein wohlhabendes Leben zu führen. Das ist GeldRICHTIG für jedermann. Mit mehr als 25 Jahren Erfahrung gibt Philipp sein ganzes Wissen an alle weiter, die ihre Finanzen selbst in die Hand nehmen, zu Wohlstand gelangen und zugleich persönliche Reife entwickeln und Verantwortung übernehmen wollen.

„Ein Optimist wird immer einen Weg finden. Ein Pessimist wird immer einen Grund dagegen finden."

KAPITEL 7

Let's do this

Vorsicht vor zu viel Perfektionismus

„Perfektion ist ein in letzter Konsequenz unerreichbares Ziel und der Weg dorthin führt stets über Irrtümer und Fehler."
– Hartmut Laufer

Was könnte schlecht an dem Bestreben sein, stets den optimalen Output zu erzielen, egal, um was es sich handelt? Eigentlich nichts, oder?

Doch ist es wirklich immer ratsam, ein perfektes Resultat erzielen zu wollen? Gibt es keine klügere Alternative, welche es uns ermöglicht, ein eventuell noch besseres Ergebnis zu erzielen? Pauschal und unreflektiert würden die meisten Menschen mit „nein“ auf diese Fragen antworten. Wenn ein Ergebnis perfekt ist, kann es eigentlich nichts geben, was diese Perfektion noch steigern könnte. Ein perfektes Ergebnis wäre somit mit der Schulnote „sehr gut“ oder noch eher mit einem „sehr gut mit Sternchen” gleichzusetzen.

Doch gilt diese Regel immer?

Die Antwort auf diese Frage ist, wie in vielen allgemein geltenden Fragen, ein klares „jein“.

„Ja“ auf der einen Seite, da Perfektion nun einmal den besten aller möglichen Outputs impliziert. Bezogen auf das Internetmarketing beispielsweise wäre es eine Webseite, die vollumfänglich alle Anforderungen zu 100 % und mehr erfüllt. Diese Webseite würde den besten Shop enthalten, die beste Conversionrate, den größten Nutzen für den User.

„Nein“ aber auch auf der anderen Seite, da Perfektion nur mit größtem Aufwand zu erreichen ist und es selbst mit größtem Aufwand immer fraglich bleibt, ob man jetzt wirklich „die perfekte Webseite” aufgebaut hat (um im obigen Beispiel zu bleiben), oder ob man einen ausreichenden Erfolg nicht auch mit wesentlich weniger Aufwand erzielen kann.

Der Selbsttest: Bist du perfektionistisch?

Da Perfektionisten ein verzerrtes Selbstbild von sich haben, erkennen sie meist nicht, dass sie perfektionistisch veranlagt sind. Genau deshalb gibt es eine handvoll Fragen, anhand derer sich ein perfektionistischen Verhalten erkennen lässt:

- Musst du alles doppelt und dreifach überprüfen? Auch dann, wenn es die Arbeit von anderen ist?
- Bist du jemand, der alles wiederholt, bis es perfekt ist?
- Muss bei dir alles vorher geplant und organisiert sein? Fertigst du To-Do-Listen an, auch wenn es nur kleine Aufgaben sind und du wenig Zeit hast?
- Zögerst du das Abschließen von Projekten und Arbeiten hinaus?
- Verlierst du dich manchmal in Aufgaben, auch wenn sie eigentlich keine hohe Priorität haben?
- Gibst du Aufgaben ungern an andere weiter?
- Wenn du Fehler findest, musst du diese sofort korrigieren?

- Sind dir Details sehr wichtig? Hast du das Gefühl, noch immer etwas besser machen zu können?
- Machst du häufig Überstunden?
- Vergleichst du dich und deine Leistungen oft mit anderen?
- Wirft dich negative Kritik aus der Bahn?

Kannst du die meisten Antworten mit „Ja" beantworten, scheinst du einen Hang zum Perfektionismus aufzuweisen. An dieser Stelle ist nun interessant zu wissen, wie du diese Neigung unterbinden kannst.

Perfektionismus ablegen: 6 Tipps

Perfektionismus ist ein Verhaltensmuster, aus dem du ausbrechen kannst. Dafür gibt es bestimmte Methoden und Tricks. Eine bekannte Methode ist das Pareto-Prinzip – auch 80-20-Regel genannt – bei der sich mit nur 20 Prozent Einsatz in vielen Fällen ein 80-prozentiges Ergebnis erreichen lässt. Dieses Prinzip soll dir also zeigen, dass du mit relativ wenig Aufwand ein bereits erfolgversprechendes Ergebnis erzielen kannst. Auf das Pareto-Prinzip werde ich später im Buch nochmal genauer eingehen.

Darüber hinaus habe ich dir weitere Tipps aufgelistet, mit denen du deinen Perfektionismus langsam ablegst und hin zu produktiverem Arbeiten kommst.

Tipp 1: Hör auf, dich mit anderen zu vergleichen

Du musst lernen damit aufzuhören, dich ständig mit anderen zu vergleichen. Ein ständiger Konkurrenzkampf tut dir und deiner Arbeit nicht gut. Darüber hinaus hat jeder Mensch unterschiedliche Talente und Stärken, wodurch sich ein erfolgreiches Team auszeichnet – nämlich durch das Zusammenspiel verschiedener Fähigkeiten der einzelnen Mitglieder. Niemand kann alles und niemand kann alles perfekt machen. Also konzentriere dich auf dich selbst, auf deine Stärken und deine Interessen.

Tipp 2: Setze dir realistische Ziele

Verabschiede dich von dem Gedanken, alles perfekt bis ins kleinste Detail auszuarbeiten. Denn das ist völlig unmöglich, weil es immer irgendetwas zum Verbessern gibt. Oftmals reichen 80 Prozent schon völlig aus, damit die Aufgabe erfüllt ist. Alles darüber hinaus kannst du umsetzen, wenn sich dafür Zeit ergibt. Wenn der Zeitplan jedoch straff ist, ist es manchmal notwendig, anstatt eines perfekten Ergebnisses ein gutes Ergebnis zu liefern. Realistische Ziele sind daher alles andere als perfekt. An dieser Stelle kann möglicherweise eine Kosten-Nutzen-Analyse helfen. Lohnt es sich wirklich noch, die letzten 20 Prozent zu gehen, wenn ich dadurch nicht wesentlich profitiere?

Tipp 3: Lerne mit Fehlern umzugehen

Fehler macht jeder und Fehler können sich überall einschleichen – egal ob man Anfänger oder Profi ist. Versuche daher aus deinen Fehlern zu lernen und sie zu akzeptieren. Denn Hindernisse und Rückschläge lassen unsere Fähigkeiten, unsere Persönlichkeit und unsere Expertise wachsen und ermöglichen uns auch mehr zu lernen, als aus unseren Erfolgen. Deshalb gehört es dazu, Fehler nochmals genau zu analysieren und sie als Chance wahrzunehmen.

Tipp 4: Behalte den Überblick

Wer sich in Details verliert und alles bis ins Kleinste ausarbeitet, der verliert zudem früher oder später den Blick für das große Ganze. Wichtig ist hier, dass du dich während des Prozesses immer wieder auf die Kernaufgabe fokussierst und einschätzen kannst, wann man eventuell zurückzurudern muss. Ein guter Tipp an dieser Stelle ist die konkrete Ausformulierung des Ziels. Hast du dieses Ziel bereits erreicht, läufst du nicht Gefahr, deinem Perfektionismus zu erliegen und zu keinem Abschluss zu kommen.

Tipp 5: Versuche Kritik anzunehmen

Kritik ist besonders bei der Arbeit in einem Team wichtig. Versuche daher Kritik nicht als persönliche Ablehnung zu werten, sondern vielmehr als konstruktive Würdigung. Denn sowohl als Team als auch als Einzelperson möchte man noch besser werden und über sich hinauswachsen. Doch dies gelingt nur, wenn man offen aufeinander zu geht, Kritik übt und an sich selbst arbeiten will. Wer sich von vornherein gegen Kritik wehrt, schadet sich selbst und seiner Persönlichkeitsentwicklung maßgeblich.

Tipp 6: Akzeptiere dich so, wie du bist

Ein wichtiger Schritt, um den Perfektionismus abzulegen, ist die Selbstakzeptanz. Erlaube dir selbst, nicht perfekt zu sein und gestehe dir ein, dass Fehler menschlich sind. Vertraue auf deine Stärken und versuche diese gezielt einzusetzen. Feiere Erfolge, egal wie „klein“ sie sein mögen. Erfolge helfen uns persönlich zu wachsen, neue Motivation zu erlangen und auch mal mutig über den Tellerrand zu schauen.

Auch wenn die Tipps einfach und logisch erscheinen, ist die Umsetzung für Perfektionisten schwieriger. Denn bevor du in die Umsetzung gehst, musst du dir selbst eingestehen, dass der eigene Drang, alles perfekt machen zu wollen, negative Auswirkungen haben kann. Vor allem deshalb, weil an Ehrgeiz, Disziplin und Durchhaltevermögen per se erst einmal nichts auszusetzen ist. Doch manchmal gilt es nicht, nur die Qualität zu beurteilen, sondern auch, ob der Aufwand in Relation zum Ergebnis steht. Tut er dies nicht, behindert Perfektionismus vielmehr als dass sich dadurch wirklich Vorteile ergeben.

Besser unperfekt starten als gar nicht

Solltest du also besser erst gar nicht versuchen, das perfekte Ergebnis anzustreben? Die Antwort lautet: In der Regel nicht. Denn natürlich gibt es auch Ausnahmen: Beispielsweise habe ich meine Ausbildung bei einem Unternehmen absolviert, welches Zahnbohrer herstellt. Wenn da die Produktqualität nicht bei 100 % liegen würde, könnte das schwerwiegende Folgen haben. Denn solche Zahnbohrer werden teilweise mit einer „Turbine" betrieben und können Umdrehungsgeschwindigkeiten von 150.000 - 450.000 Umdrehungen pro Minute haben. Glaub mir, da willst du nicht, dass ein solcher Bohrer in deinem Mund abbricht.

Viele Menschen, darunter auch viele meiner Kundinnen, scheitern häufig als beginnende Unternehmer:innen daran, dass sie sich aufgrund des Strebens nach Perfektion vom ersten Tag an blockieren. Dies kann dann zum Beispiel dazu führen, dass ihre eigentlich schon fertige Webseite niemals online geht, da sie einfach daran zweifeln, ob diese Webseite „gut genug" sei.

Ich antworte gern mit einer recht simplen und lapidar daher kommenden Aussage: „Wenn du es gar nicht erst versuchst, dann kannst du es auch nicht wissen." Daher gilt es, sich bewusst zu machen, dass Perfektion gerade zu Beginn eines Vorhabens nicht immer strebsam ist. Du solltest diese Aussage jedoch nicht so verstehen, dass es nicht notwendig sei, sich keine Mühe zu geben. Anstrengen musst du dich in jedem Fall. Dennoch solltest du dich in deinem Streben nach Perfektion nicht blockieren lassen.

> *Gerade zu Beginn ist Perfektion nicht erstrebenswert, sondern kann dich blockieren.*

Warum das Durchhaltevermögen das A und O des Erfolgs ist

„Jeder hat sein eigenes Glück unter den Händen, wie der Künstler eine rohe Materie, die er zu einer Gestalt umbilden will. Aber es ist mit dieser Kunst wie mit allen: Nur die Fähigkeit dazu wird uns angeboren, sie will gelernt und sorgfältig ausgeübt sein."

- Johann Wolfgang Goethe

Viele Menschen haben große Pläne, große Träume und das Ziel, ihr Leben zu verbessern. Letztendlich ist es ein Bestreben, dass jeden von uns antreibt. Es gibt nur den Unterschied, dass manche diesen Plan bewusster verfolgen als andere. Doch wie kann man diese Pläne und Träume erreichen? Diese Frage stellen sich sicher Millionen Menschen jeden Tag, doch nur die wenigsten machen sich bewusst auf die Suche nach einem Weg zur Erreichung ihres Ziels.

Eines ist klar: Ein großes Ziel kann man nicht von jetzt auf gleich umsetzen. Es hängt von vielen Faktoren ab – der richtigen Strategie, dem richtigen Plan, der passenden Idee, dem richtigen und motivierten Team und vor allem dem Durchhaltevermögen.

Weshalb ist das Durchhaltevermögen so wichtig?

Erfolg ist in der Regel ein langwieriger Prozess und nicht von jetzt auf gleich zu erzielen. Zwar gibt es auch die Glückspilze, die mit einer richtigen Aktion den angestrebten Erfolg direkt erzielen, doch bleibt so etwas mit Sicherheit der Ausnahmefall und lässt sich nicht generalisieren.

Erfolg ist also ein Prozess und ein Prozess zeichnet sich vor allem durch den Faktor „Zeit" aus. Es braucht also einiges an Zeit, bis der Prozess soweit ausgereift ist, dass sich Erfolg einstellt.

> *Wir können nicht jedes Ereignis in unserem Leben kontrollieren, aber wir können beeinflussen, was wir mit Bezug auf diese Ereignisse glauben, fühlen und denken!*

SKYDIVE

Und eben dieser Zeitfaktor macht es so entscheidend, dass du das nötige Durchhaltevermögen mitbringst – oder noch wichtiger: Dass du den nötigen Willen zum Durchhalten mitbringst.

Ich habe im Laufe meiner unternehmerischen Tätigkeiten unzählig viele Leute kennengelernt, die wirklich herausragende Ideen hatten, aber bei der Umsetzung einfach viel zu schnell aufgegeben haben und die Sache als „nicht machbar" abgestempelt haben. Ich bin fest davon überzeugt, dass 95 % dieser Menschen heute deutlich erfolgreicher wären, hätten sie in der entscheidenden Phase das nötige Durchhaltevermögen gezeigt.

Wie lässt sich Durchhaltevermögen erzwingen?

Durchhaltevermögen ist mit Sicherheit auch eine gewisse Charaktereigenschaft. Die einen haben deutlich mehr davon, die anderen wiederum nicht. Doch ich bin fest davon überzeugt: Durchhaltevermögen lässt sich auch erzwingen bzw. antrainieren und ist somit für jeden erlernbar, egal bei welcher Ausgangslage. Ich führe an dieser Stelle immer gern ein Beispiel aus meinem Leben an.

In meinen 20ern war ich nicht der größte Sportler. Zwar war ich nie wirklich der totale Sportmuffel, aber ich habe nie auf irgendein Ziel hin trainiert. Mal ein bisschen Volleyball mit Freunden da, mal ein bisschen Joggen hier. Aber es kam nie wirklich mehr dabei rum. Doch dann habe ich eine Person kennengelernt, die extrem erfolgreich in ihrem Job war und nebenbei auch noch Marathons läuft. Ein Marathon geht über 42 Kilometer! Für mich war das eine Distanz, die man eigentlich als „Normalsterblicher" nicht überwinden konnte. Doch eben diese Person hat mich in der Art inspiriert, dass ich mir gesagt habe: „Das schaffst du auch, Thomas!"

Und wirklich – ich fing an, wöchentlich mehrere Stunden in mein Lauftraining zu investieren, informierte mich über Ernährung und habe dabei auch meine Essgewohnheiten drastisch verändert. Ich erzielte immer weitere Erfolge. Erst 10 km, dann 20 km, dann die ersten Wettkämpfe und dann tastete ich mich schrittweise immer weiter an die 42 km heran.

Ich hatte ein klares ausformuliertes und kommuniziertes Zeitziel für meinen Marathon. 2013 beim Stadtmarathon in Köln und 2014 beim Knastmarathon in Darmstadt habe ich dieses nicht erreicht. Also musste ein dritter Marathon her. Im September 2014 in Sydney merkte ich, wie sehr man sich und seinen Körper pushen kann. Du fliegst nicht ans andere Ende der Welt, um dein Ziel um wenige Minuten oder gar Sekunden zu verpassen.

Mein Wille und meine Motivation waren so stark, dass ich meinen Körper gnadenlos pushte. Ich schaffte meine Zielzeit denkbar knapp - und war um 2 Erkenntnisse reicher:

1. Wenn dein Wille stark genug ist, kannst du nahezu alles schaffen. Selbst wenn dir jemand sagt, es geht nicht mehr. Doch, es geht immer!

2. Man kann gewisse Sachen im Leben „erzwingen". Mit starkem Willen, mit Kraft. Nur sei dir bewusst, dass das „Nebenwirkungen" haben kann. Viele Extremsportler bezahlen mit ihrem Leben. In meinem Fall war es die Patellasehne, mit der ich anschließend Monate zu kämpfen hatte.

Erfolg ist ein Prozess, der in der Regel viel Zeit kostet. Für diesen Zeitfaktor ist es besonders wichtig, dass du das nötige Durchhaltevermögen besitzt. Und ja: Durchhaltevermögen lässt sich antrainieren. Es ist alles einer Frage des inneren Willens und deiner intrinsischen Motivation!

Wie beim Marathontraining ist der Erfolg nur in Teilschritten zu erreichen. Du brauchst das richtige Training, damit du dich nicht über dein Limit pushen musst. Natürlich ist der Weg zum Erfolg zeitraubend, ganz gleich ob beim Versuch, einen Marathon zu laufen oder ein eigenes Business aufzubauen. Und Zeit lässt sich nun einmal nur durch das nötige Durchhaltevermögen schlagen. Aber auch kleinere Rückschläge sorgen schnell dafür, dass dein Durchhaltevermögen gefordert wird.

Mir ging es beim Marathon ab Kilometer 36 immer so. Denn ab dieser Kilometerzahl erreiche ich immer einen Zustand, bei dem mein Körper eigentlich schreit: „Hör auf, ich kann nicht mehr". Und klar, 36 Kilometer von insgesamt 42 sind immerhin über 85 %! Aber nein! Durchhaltevermögen zeigen, alle 500 Meter als Ziel ansehen und die letzten 15 % auch noch schaffen.

Und genauso sieht es auf der Straße zum Erfolg aus. Egal, wie weit du schon gekommen bist, es wird immer wieder kleinere Rückschritte beziehungsweise Hindernisse geben, welche dein Durchhaltevermögen fordern.

Wie lässt sich Durchhaltevermögen trainieren?

Eine ganz zentrale Frage ist natürlich, wie sich das Durchhaltevermögen verbessern oder auch trainieren lässt. Mein Tipp dabei für dich: Kombiniere deinen Alltag mit deinem Weg zum Erfolg. Suche dir im Alltag Ziele, die sich nicht mit einer einzigen Aktion umsetzen lassen. Ein beliebtes Beispiel ist hier das Thema „Abnehmen / Zunehmen", je nach Ausgangssituation.

Wenn du dir hier ein langfristiges Ziel setzt oder ein Vorbild wählst und dir sagst: „So will ich auch werden", dann hast du den Grundstein für die Steigerung deines Durchhaltevermögens gelegt. Dabei musst du dir „nur" bewusst machen: Egal, was es für Rückschläge gibt, alles, was dich fordert, wird dein Durchhaltevermögen steigern. Und so legst du deinen Grundstein für deinen Erfolg!

Durchhaltevermögen ist also das A und O für deinen Erfolg!

Rasche Umsetzung

„Erfolg ist ein Gesetz der Serie, und Misserfolge sind Zwischenergebnisse. Wer weitermacht, kann gar nicht verhindern, dass er irgendwann auch Erfolg hat."

–Thomas Alva Edison

Zeit ist Geld! Wer hat diesen Satz nicht schon einmal gehört. Auf der einen Seite beinhaltet dieser Satz eine extrem ökonomisch getriebene Sicht der Dinge und ist eventuell im Alltag nicht immer angebracht. Im Berufsalltag oder aus unternehmerischer Sicht trifft dieser Satz jedoch genau ins Schwarze. Daher solltest du dir diesen Satz ganz genau vor Augen führen und dir bewusst machen, was aus dem Satz „Zeit ist Geld" für dich als Quintessenz folgen muss. Du musst dir bewusst machen, dass alles, was du anpacken willst, eine rasche Umsetzung erfordert.

Doch warum ist diese rasche Umsetzung so wichtig für deinen Erfolg? Die Antwort auf diese Frage ist sehr vielschichtig und ich will versuchen, dir im Folgenden alle wichtigen Gründe mit auf den Weg zu geben.

1. Deine Motivation hochhalten

Motivation ist meiner Meinung nach der wichtigste Indikator für Erfolg oder Misserfolg. Zwar kann Motivation alleine natürlich keine Berge versetzen – es gehören auch das entsprechende Know-How und weitere Komponenten dazu, aber ohne Motivation ist nahezu alles von von vornherein zum Scheitern verurteilt.

Doch wann ist unsere Motivation am höchsten?

Ganz klar – am Anfang eines Vorhabens. Egal, ob du damit beginnst, in einem Fitnessstudio Sport zu treiben oder ob du eine Webseite online stellen willst. Am Anfang wirst du mit größter Motivation an die Sache herangehen, viele Stunden für den Fortschritt aufwenden und alles für den Erfolg tun. Als Grund für diesen Zustand ist ganz klar der Faktor Motivation zu benennen.

Doch wenn du dich jetzt daran machst, eine Webseite online stellen zu wollen, dir aber mit der Umsetzung sehr viel Zeit lässt und dieses Projekt nicht ganz oben auf deiner To-Do-Liste steht, dann wird deine Motivation in der Regel sehr schnell nachlassen. Und damit beginnt häufig ein Teufelskreis.

Bei sinkender Motivation oder einer von vornherein geringen Motivation werden kleinere Rückschläge (beispielsweise das Nicht-Funktionieren eines wichtigen Plugin's deiner Webseite) dein Vorhaben deutlich weiter nach hinten werfen. Wenn du aber hoch motiviert bist und alles daran legst, den kleinen Rückschlag zu überwinden, wirst du deutlich schneller zum Ziel kommen.

2. Schnellerer Erfolg

Wenn man sich daran macht, als Unternehmer:in durchstarten zu wollen, dann will man auch möglichst schnell Erfolge sehen, um sich in den eigenen Überlegungen bestätigt zu fühlen. Doch wenn du dir jetzt bei der Umsetzung extrem viel Zeit lässt, dann wird sich dieser angestrebte Erfolg deutlich später zeigen. Die oberste Maxime sollte es also sein, die Umsetzung so rasch wie möglich durchzuführen, um auch schneller den Erfolg spüren zu können. Sobald du diesen Erfolg spürst, wird sich das auch wieder positiv auf deine Motivation auswirken.

Insofern zeigt auch dieser zweite Punkt sehr deutlich, wie wichtig es ist, die Umsetzung rasch voran bringen zu wollen. Andernfalls droht erneut ein ähnlicher Teufelskreislauf wie schon im ersten Punkt aufgezeigt wurde.

3. Der Lerneffekt

Ein ganz wichtiger positiver Faktor von einer raschen Umsetzung ist meiner Ansicht nach der Lerneffekt, der sich erst dann so richtig einstellt, wenn „dein Projekt" umgesetzt ist und du ein Feedback erhalten hast. Und dieses Feedback kannst du nur dann bekommen, wenn du dein Projekt auch umgesetzt hast.

So entsteht außerdem noch ein weiterer positiver Effekt. Denn je rascher du dein Projekt umgesetzt hast, umso mehr steckst du noch in jedem einzelnen Entwicklungsschritt drin, da er noch nicht so weit in der Vergangenheit liegt. So kannst du auch deutlich schneller und einfacher auf Feedback reagieren und gegebenenfalls Änderungen vornehmen. Du kannst so dein Projekt binnen kürzester Zeit final optimieren.

> i
>
> *Eine rasche Umsetzung ist wichtig für deinen Erfolg, weil*
>
> *...deine Motivation am Anfang besonders hoch ist*
>
> *...sich der Erfolg deutlich schneller einstellt und der Erfolg dich wiederum erneut motiviert*
>
> *...du schneller vom Lerneffekt profitierst*

Zwischenfazit:

Du siehst also, eine „rasche Umsetzung" kann deinem Vorhaben wirklich einen wahren „Boost" verleihen und dir schnell zu Erfolg verhelfen.

Bei all der angesprochenen Eile in der Umsetzung solltest du aber nichts überstürzen, sondern dir auch bei dem Bestreben einer raschen Umsetzung stets jeden Schritt gut überlegen. Es ist also im wahrsten Sinne ein Drahtseil-Akt. Doch wenn du dir zu Beginn deines Projektes einen guten Plan zurecht legst, über diesen Plan dann noch einmal eine Nacht schläfst und erst dann mit der raschen Umsetzung beginnst, dann sollte deinem Erfolg nicht mehr viel im Wege stehen.

Wer will, findet Wege, wer nicht will, der findet Gründe.

KAPITEL 8

Dein Glück liegt außerhalb deiner Komfortzone

Raus aus der Komfortzone: Wie die Bequemlichkeit deinen Zielen im Weg steht

Wenn du deine Ziele konsequent umsetzen möchtest, hast du im Regelfall zunächst dich selbst als Feind, genau genommen deine Komfortzone. Wie erwähnt gibt es eben nicht die eine Wunderpille, mit der du auf einmal erfolgreich wirst und sich deine Ziele plötzlich von alleine umsetzen. In jedem Fall erfordert es Arbeit von deiner Seite und dass du dich darauf einlässt.

Allerdings ist mit Arbeit auch immer verbunden, dass du dich aufraffen musst und es unbequem für dich werden kann. Genau diese Unbequemlichkeit sorgt dafür, dass in dir Zweifel wachsen. Du siehst die Risiken und denkst dir, dass das alles gar nicht wirklich funktionieren kann. Es gibt einfach zu viele Eventualitäten, zu viele Schwierigkeiten und überhaupt: Der Weg wäre einfach viel zu steinig. Also kannst du es eigentlich gar nicht schaffen, oder?

Doch, kannst du. Beweg deinen verdammten Arsch!

Natürlich sollst du dir keine Ziele setzen, die du nicht nach der S.M.A.R.T.-Technik als realistisch einschätzen könntest. Wenn du dir ohne große Grundlage vornimmst, in den nächsten drei Monaten deine erste Million zu verdienen, ohne bisher irgendwelche Voraussetzungen dafür geschaffen zu haben, dann wirst du das nicht erreichen. Aber wenn der Weg machbar und einfach nur unangenehm ist, dann solltest du überlegen, ob dein Ziel tatsächlich unrealistisch ist oder ob du nicht vielmehr einfach nur Angst davor hast, den dafür nötigen Weg zu gehen.

Bei mir beispielsweise war eine solche Situation der Beginn meines Studiums. Ich konnte dadurch das machen, was ich machen wollte und mich selbst verwirklichen. Aber es hatte einen Preis: Ich musste aus meinem bisherigen Job raus, die sichere Festanstellung aufgeben.

Wie ist die Komfortzone aufgebaut?

Interessanterweise waren es gar nicht so sehr meine eigenen Bedenken, die mir Probleme bereitet haben. Ich war mir schließlich sicher, dass ich das machen wollte und machen musste. Meine Mutter hingegen hatte genau die Bedenken, die viele von uns selbst haben, wenn sie einen schwierigen Weg einschlagen.

- Willst du das wirklich tun?
- Aber du hast doch einen sicheren Job?
- Meinst du wirklich, dass du das schaffst?
- Reicht dir das, was du aktuell hast, nicht aus?

Genau solche Fragen kennzeichnen das, was sich letztlich innerhalb der Komfortzone befindet. Darin finden wir ein Sammelsurium aus Gewohnheiten, alltäglichen Handlungen und Strukturen, die erst einmal so sind, wie sie sind. Das umfasst alles, von den banalsten Gewohnheiten wie dem ersten Kaffee (oder der ersten Cola) am Morgen, über den Weg zur Arbeit, bis hin zu unserem Job selbst.

Grundsätzlich handelt es sich dabei um die Dinge, die wir kennen und gewohnt sind. Und auch wenn nicht unbedingt alle Faktoren daraus etwas sind, womit wir uns wohlfühlen, so ist es für uns zunächst doch einmal angenehmer, das zu tun und anzunehmen, was wir kennen. Deshalb wird nicht selten auch von einer Wohlfühlzone gesprochen.

Jetzt stell dir einmal vor, eine Straße oder Bahnstrecke auf deinem Arbeitsweg ist plötzlich gesperrt. Auf einmal musst du auf einem anderen Weg zur Arbeit gelangen. Ist unangenehm für dich, oder? Du musst dir Gedanken darum machen, wie du nun zur Arbeit kommst. Das wirst du vorher nicht wirklich gemacht haben. Warum denn auch? Dein Weg zur Arbeit funktioniert ja und es ist der, den du für dich als angenehmsten Weg festgelegt hast. Dann wirst du dich auf dem Weg selbst mehr konzentrieren müssen als sonst. Schließlich bist du ihn ja bisher selten bis gar nicht gefahren.

Das Programm dahinter, das du abspielst, ist simpel: Du hast einen für dich angenehmen Weg gefunden, der für dich in Kombination mit der Gewohnheit dafür sorgt, dass du dich nicht mehr wirklich damit auseinandersetzen musst und somit keine Energie mehr in das „Projekt Arbeitsweg" steckst. Der Punkt ist abschließend geklärt.

Und genauso kannst du auch definieren, welche Gewohnheiten und Strukturen innerhalb deiner Komfortzone liegen:

- Du kennst sie.
- Sie funktionieren.
- Sie sind reproduzierbar oder dauerhaft annehmbar.
- Es spart Aufwand, sie als gegeben hinzunehmen.

Außerhalb deiner Komfortzone liegt hingegen alles, was neu ist, nicht zu deinen Gewohnheiten passt oder womit du dich nicht auskennst. Es erfordert von dir Aufwand und/oder Konzentration, dich damit auseinanderzusetzen – und mehr Aufwand bedeutet zunächst, dass es unangenehm für dich ist, dich damit auseinanderzusetzen. Konkret geht es um drei Ängste, die dir außerhalb der Komfortzone begegnen können:

- Du musst dich mit etwas Unbekanntem auseinandersetzen, das du noch nicht richtig einschätzen kannst.
- Du könntest etwas verlieren, das du aktuell besitzt, oder scheitern.
- Du musst dich neu beweisen und kannst dich nicht auf dem ausruhen, was du bisher geleistet hast.

Wo liegt die Gefahr innerhalb der Komfortzone?

Jetzt stell dir einmal Folgendes vor: Plötzlich gibt es eine neue Autobahn oder eine Bahnlinie, mit der du auf deinem Arbeitsweg etwas Zeit sparst. Was genau tust du? Nutzt du den neuen Weg zur Arbeit oder wirst du weiter den alten Weg nehmen, weil er ja funktioniert und für dich bequem ist?

Die Antworten auf diese Frage werden variieren und sind auch abhängig von der Größe der Zeitersparnis. Von „Ja, nehme ich auf jeden Fall" über „Muss ich erst einmal ausprobieren" bis hin zu „Nein, ich lasse alles, wie es ist" wirst du jede erdenkliche Antwort hören. Häufig schwingt jedoch ein gewisses Misstrauen mit, das zuerst den Vergleich zur aktuellen Routine erfordert. Sprich: Ist eine Änderung der Gewohnheit wirklich besser?

Obwohl sie es in dem Fall wirklich ist. Selbst wenn du nur drei Minuten Weg im Schnitt sparst, sind das sechs Minuten pro Tag und bei 220 Arbeitstagen im Jahr ganze 1.320 Minuten oder zwölf Stunden. Trotzdem sind wir so gepolt, dass wir uns zunächst damit auseinandersetzen müssen, ob dieses Verlassen unserer Komfortzone uns auch tatsächlich in den Kram passt – effektiver Nutzen hin oder her.

Und genau da liegt die Gefahr der Komfortzone. Es ist so schön einfach, einfach darin zu bleiben. Genau wie späte Teenager oder frühe Twens sich manchmal dagegen sperren, zu Hause auszuziehen, verlassen wir das bequeme Nest der Komfortzone nur ungern. Es ist mit Aufwand verbunden, und ob es wirklich besser für uns ist, steht schließlich irgendwo in den Sternen.

Das Kriterium „Das ist das Beste für mich" kennt die Komfortzone allerdings nur vermeintlich. Sie sagt einfach nur aus, dass wir irgendeinen Weg gefunden haben, mit unserer Situation umzugehen. Aber ob das wirklich der beste Weg ist, DAS steht in den Sternen und erfordert ständige Hinterfragung der Gegebenheiten, wenn wir das wirklich herausfinden wollen. Genau aus diesem Grund ist die Komfortzone für deinen Erfolg alles andere als förderlich. Erfolg bedeutete Verbesserung, Verbesserung bedeutet Veränderung – und die wird durch die Komfortzone verhindert. Willst du wirklich Erfolg haben, liegt alles, was du erreichen und umsetzen möchtest, außerhalb der Komfortzone. Deshalb hinterfrage dich ständig, wo und wie du dich verbessern kannst. Doch wie kannst du deine Komfortzone verlassen?

> *Erfolg bedeutet Verbesserung, Verbesserung bedeutet Veränderung – und die wird durch die Komfortzone verhindert. Willst du wirklich Erfolg haben, liegt alles, was du erreichen und umsetzen möchtest, außerhalb der Komfortzone.*

Das Ziel ist der Weg aus der Komfortzone

Die Antwort ist simpel: Es ist immer dein Ziel, das dich aus deiner Komfortzone herausführt. Du möchtest XY erreichen, also musst du Z tun. Die

Spannweite von Zielen und dafür notwendigem Aufwand kann sehr stark variieren, schließlich sind von den einfachsten Gewohnheiten bis hin zu großen Lebenszielen alle erdenklichen Faktoren denkbar, die mit unserer Komfortzone in Verbindung stehen.

Die Kündigung meiner Festanstellung und Aufnahme meines Studiums zählten selbstverständlich zu den größeren Veränderungen in meinem Leben. Der Weg hinaus aus der Komfortzone war deutlich größer, länger und steiniger als eine Umstellung des Arbeitsweges – aber dafür war die Zielsetzung auch deutlich größer. Du musst bedenken: Der Nutzen für mich lag darin, mich für die nächsten 30, 40 Jahre beruflich so verwirklichen zu können, wie ich das gerne wollte. Dafür habe ich vorübergehend die berufliche und finanzielle Sicherheit, die ich damals hatte, geopfert – weil mein Ziel mir mehr Nutzen versprach, als ich Komfort dafür opfern musste. Entsprechend kannst du davon ausgehen, dass der Grad des Unangenehmen je nach Größe des Ziels variiert. Je größer das Ziel, umso größer ist im Regelfall auch der Aufwand, den du dafür in Kauf nehmen musst, ebenso wie der Verlust deines aktuellen Komforts.

Natürlich ist es nicht damit getan, dass du dir jetzt einfach ein Ziel setzt und blind drauf los agierst. In Kapitel 4 habe ich dir bereits gezeigt, wie man Ziele mit der S.M.A.R.T.-Technik konkretisieren und greifbar machen kann. Wenn du das getan hast, kannst du dir eines von deinen Zielen herausgreifen. Schreibe dir auf einem Blatt Papier auf die eine Seite alle positiven Faktoren, die du mit einer Umsetzung dieses Ziels verbindest.

- Wie würde sich dein Leben verändern, wenn du dieses Ziel erreicht hättest?
- Warum würde es dir besser damit gehen als in deiner aktuellen Situation?

“

Liebe ist nicht das, was man erwartet zu bekommen, sondern das, was man bereit ist zu geben.

Auf die andere Seite schreibst du, welche Umstellungen und Einbußen damit verbunden wären und was du dafür tun musst.

- Auf welche aktuellen Annehmlichkeiten müsstest du verzichten?
- Welche Einbußen jeglicher Art müsstest du in Kauf nehmen?
- Vor welche Probleme würde dich das Verlassen der Komfortzone stellen?
- Welche Umstellungen für deinen täglichen Ablauf hätten sie zur Folge?

Bei meiner Entscheidung für das Studium hätte diese Liste in etwa so ausgesehen:

Positive Veränderungen

- Ich kann mich in einem Bereich weiterbilden, der mich interessiert und der mir liegt.
- Ich kann mich für den Rest meines Lebens in einem Bereich verwirklichen, in dem ich tätig sein möchte.
- Ich verbessere meine Fachkompetenz und erweitere meinen Horizont.
- Ich fordere mich und erreiche dadurch mehr im Leben, als wenn ich in meiner aktuellen Situation verharre.
- Ich habe viel Spaß auf Studentenparties :-)

Negative Einbußen

- Ich gebe meine sichere Festanstellung auf.
- Ich verdiene zunächst einmal kein Geld im Studium.
- Dadurch werde ich einen Mehraufwand haben, da ich neben dem

Studium noch irgendwie für meinen Lebensunterhalt sorgen muss. Mein Tagesablauf wird sich in die Länge ziehen.

- Ich muss mein privates Umfeld davon überzeugen, dass der Weg für mich der Richtige ist, denn die werden mich auch alle mit diesen Bedenken konfrontieren.

Und mit dieser Liste kannst du nun abwägen, ob das Ziel es wert ist, deinen Komfort zu einem gewissen Grad aufzugeben, oder ob die Einbußen den Nutzen übersteigen. Der Nutzen wird umso größer, je mehr du für dieses Ziel brennst. Wenn du dir im obigen Beispiel einfach nur überlegst, dass es ja ganz schön wäre, vielleicht das Studium durchzuziehen, um dann gegebenenfalls später etwas besser zurechtzukommen und sich etwas wohler zu fühlen als aktuell – gut, dann lass es lieber. Aber wenn du sagst, dass genau das dein Ding ist, du das unbedingt machen möchtest und einfach nicht glücklich wirst, wenn du es nicht machst – dann leg los. (Beweg deinen Arsch!)

Das Trügerische der Sicherheit

Egal, um welches Ziel es geht: Du wirst immer zu einem gewissen Grad Sicherheit aufgeben müssen, wenn du dich aus deiner Komfortzone bewegst. Du verlässt sozusagen den Schutz des sicheren Nests, das du um dich herum aufgebaut hast. Allerdings ist das aus zwei Gründen wichtig.

Einerseits sorgt die Sicherheit nicht dafür, dass du dich im Leben verwirklichen kannst, sie hemmt dich sogar eher. Nehmen wir beispielsweise die Liste zu meinem Studium oben. Was wäre die Konsequenz daraus gewesen, wenn ich diesen Schritt nicht gegangen wäre? Ich wäre nicht in einem Bereich gelandet, der mir liegt und Spaß macht. Ich hätte mich selbst nicht verwirklicht, nicht weitergebildet und weniger erreicht. Ich hätte mein Leben trotzdem gelebt und wäre meinen Weg gegangen. Aber ich hätte definitiv nicht das im Leben erreicht, was ich erreichen wollte und will. Und ich wäre möglicherweise sogar unglücklich damit gewesen.

Was mir auch Angst bereitet, ist der Gedanke, wenn ich einmal alt bin und auf dem Sterbebett auf mein Leben zurückblicke. Was denke ich dann? Bereue ich dann all die Sachen, die ich nicht gemacht habe? Die viele Zeit, die ich sinnlos vergeudet habe? Ich will mir später eine Frage wie „Was wäre geworden, wenn ich dieses oder jenes einfach durchgezogen hätte, statt mich bequem in meiner Komfortzone zu verstecken?" nicht stellen müssen!

Wäre dieser Preis es wert gewesen, die dagegen stehende Sicherheit zu behalten? Ich habe für mich entschieden, dass er das nicht gewesen wäre. Ist das ein Preis, den du dafür tragen möchtest, mehr Sicherheit zu haben? Diese Entscheidung kannst nur du für dich treffen, aber stell dir genau diese Frage, wenn du darüber nachdenkst, ob du in deiner Komfortzone bleibst oder sie verlässt.

Der zweite Grund liegt darin, dass unsere Komfortzone nicht danach urteilt, ob das, was wir aktuell machen, gerade langfristig das Beste für uns ist. Ein tolles Beispiel in diesem Zusammenhang ist das Rauchen. Raucher:innen empfinden es als sehr schwer und unangenehm, mit dem Rauchen aufzuhören. Also ist es bequemer, weiterhin zu rauchen. Die Konsequenz ist unter Umständen ein früher Tod, schwere Krankheiten, Atemnot und generell ein schlechterer Gesundheitszustand. Langfristig resultieren gravierende Probleme daraus, obwohl das Weiterrauchen definitiv in der Komfortzone liegt. Aber unbestreitbar ist auch, dass uns die

> *Sicherheit sorgt nicht dafür, dass du dich im Leben verwirklichen kannst - sie hemmt dich sogar eher! Und Vorsicht: Deine Komfortzone urteilt nicht danach, ob das, was du aktuell machst, langfristig auch wirklich das Beste für dich ist.*

Komfortzone in dieser Hinsicht schweren Schaden zufügen kann.

Ähnlich kann das in anderen Bereichen aussehen. Stell dir beispielsweise vor, ich hätte mein Studium nicht absolviert und wäre in meiner sicheren Festanstellung mehr und mehr unglücklich geworden. Das hätte mich als Person und damit auch mein privates Leben belastet. Irgendwann wäre ich möglicherweise zu dem Schluss gekommen, dass ich das nicht mehr weitermachen kann. Und dann?

Nun wäre ich in einer Situation gewesen, in der ich nicht mehr die Wahl gehabt hätte, was ich machen möchte, sondern den Druck, etwas machen zu müssen. Aber: Hätte ich jetzt noch die gleichen Möglichkeiten gehabt wie vor 10, 15 oder 20 Jahren? Und hätte ich mir die 10, 15 oder 20 Jahre, die dieser Prozess mich mehr und mehr belastet hätte, nicht einfach sparen können?

Schließlich hätte es für alle Probleme, die die zunächst „unangenehme" Entscheidung mit sich gebracht hätte, auch eine Lösung gegeben. Eine persönliche Einschränkung des Lebensstandards im Studium ist normal, aber eben temporär, wenn ich mein Ziel erreiche. Und eine alternative Lösung, um trotzdem noch vernünftig leben zu können, indem ich Geld im Studium dazu verdiene, habe ich gefunden. Entsprechend war es halb so schlimm. Das ist ein weiterer wichtiger Ansatz auf deinem Weg: Wenn du auf Probleme stößt, suche nach Lösungen dafür. Dann ist das Unangenehme meist gar nicht mehr so unangenehm, wie man es im ersten Moment glauben mag.

In dieser Hinsicht musst du es generell als Privileg verstehen, überhaupt jetzt und in diesem Moment eine Entscheidung treffen zu dürfen. Dieses Privileg solltest du für dich nutzen, um dein Leben genau so auszurichten, wie du es gerne leben möchtest. Und wenn du Veränderung möchtest, liegt diese Entscheidung zwangsläufig außerhalb deiner Komfortzone.

Praktische Tipps, um die Komfortzone zu verlassen

Der Weg aus der Komfortzone ist nicht einfach - gerade weil er mit konkreten Ängsten verbunden ist. Aber im Grunde genommen schaffst du dir, wenn du dich aus deiner Komfortzone begibst, nach und nach eine neue Komfortzone. Denn auch das Unbekannte und Unberechenbare wird im Laufe der Zeit bekannter und berechenbarer. Dies wiederum schwächt die damit verbundenen Ängste immer mehr ab.

Wenn du Schwierigkeiten hast, deine Komfortzone zu verlassen, dann kannst du dich diesem Weg Schritt für Schritt annähern, um es dir zu erleichtern. Überlege dir zum Beispiel eine einfache Sache, bei der du dich unwohl fühlst, obwohl sie an sich eigentlich gar nicht so schlimm ist. Empfindest du es beispielsweise als sehr unangenehm, fremde Menschen anzusprechen oder eine bestimmte Aufgabe zu erledigen? Dann setze dich doch einfach einmal kurz genau dieser Situation aus. Sprich jemanden auf der Straße an und frage nach der Uhrzeit oder dem Weg oder beschäftige dich für kurze Zeit mit einer für dich unangenehmen Aufgabe. Versuche dabei, darauf zu achten, was genau und warum die Situation für dich unangenehm ist. Und vor allem: Haben sich deine Ängste durch die Ausübung der Aktion in vollem Maße bestätigt?

> *Setze dich für kurze Zeit ganz bewusst einer unangenehmen Situation aus und beobachte dich dabei: Warum ist die Situation für dich unangenehm und haben sich deine Ängste überhaupt bestätigt?*

Mein Freund und Geschäftspartner Alexander Marci ist digitaler Nomade, freiheitsliebend und Flirtcoach. Er veranstaltet regelmäßig eigene 30-Tage-Challenges, um sich selber herauszufordern - und um so aus der Komfortzone auszubrechen und neue Gewohnheiten zu entwickeln. Das sind oft banal klingende Challenges, die aber einen nachhaltigen Impact auf seine persönliche Entwicklung haben. In seinem Fall z.B. 30 Tage lang jeden Tag ein YouTube-Video aufnehmen, 30 Tage lang meditieren oder Yoga machen oder sich einfach mal mit einer Gitarre in die Fußgängerzone zu setzen und zu spielen.

Als einer von Deutschlands erfolgreichsten Flirtcoaches weiß Alex auch ganz genau, dass für einen Mann das initiale Ansprechen einer Frau oft das größte Hindernis im Kennenlernprozess ist. Im Prinzip liegt das an der Komfortzone des Mannes. Denn es gibt keine logischen Gründe, warum der Mann die Frau auf der anderen Straßenseite jetzt nicht ansprechen sollte. Er hat ja quasi nichts zu verlieren. Aber es liegt wahrscheinlich außerhalb seiner Komfortzone - und daher tun es die meisten Männer dann doch nicht.

Alex arbeitet so intensiv an seinen eigenen Gewohnheiten und seiner Komfortzone, dass er unwissentlich sogar schon mal eine meiner Ex-Freundinnen im Supermarkt angesprochen hat. Natürlich hat sie ihn erkannt und abblitzen lassen - aber heute können wir alle gemeinsam köstlich über diese Story lachen. :-)

Grundsätzlich ist der wichtigste Schritt auf dem Weg aus der Komfortzone der zu akzeptieren, dass Unangenehmes zum Leben dazugehört. Allerdings wird die kontinuierliche Auseinandersetzung damit dazu führen, dass dir Dinge weniger unangenehm werden. Würdest du den unangenehmen Vorgang wieder und wieder ausführen, würde er von Mal zu Mal normaler für dich und weniger unangenehm werden. Es ist normal, dass wir die Komfortzone als sichere Behausung empfinden. Das darf uns jedoch nicht daran hindern, sie zu verlassen, wenn es notwendig und wichtig für uns ist. So kannst du dich Schritt für Schritt aus ihr herausarbeiten, deinen Horizont erweitern und deine Komfortzone vergrößern.

Überprüfe dabei regelmäßig deine Fortschritte, denn so bekommst du auch ein Gefühl dafür, was du bereits geschafft hast. So vergrößert sich dein Selbstvertrauen und erleichtert dir den Gang aus der Komfortzone zusätzlich. Du wirst weniger Unbekanntes als unangenehm empfinden und dich leichter darauf einlassen können.

Was bringt mir das Verlassen der Komfortzone

Abschließend möchte ich dir in diesem Kapitel aufzeigen, was du alles erreichen kannst, wenn du deine Komfortzone mehr und mehr verlässt. Schließlich soll es sich für dich lohnen, dass du diesen Aufwand auf dich nimmst. Aber in vielen Punkten hast du bestimmt schon erkannt, warum es für dich wichtig ist, dich auch außerhalb deiner Komfortzone zu bewegen, oder?

Gerade wenn du am Anfang dieses Prozesses stehst, ist Prokrastination bei ganz vielen Menschen ein Problem. Sie wird umgangssprachlich auch als „Aufschieberitis“ bezeichnet. Es bedeutet nichts anderes, als dass du gerade für dich unangenehme Aufgaben nur schwer bewältigen kannst und sie nach Möglichkeit so weit hinausschiebst, bis du sie nicht mehr aufschieben

> *Akzeptiere, dass Unannehmlichkeiten zum Leben dazu gehören. Nur wenn du dich immer wieder außerhalb deiner Komfortzone bewegst, werden Dinge mit der Zeit immer weniger unangenehm. Überprüfe dabei regelmäßig deinen Fortschritt, damit du verinnerlichst, was du bereits geschafft hast. Auf lange Sicht wirst du so immer weniger Unbekanntes als unangenehm empfinden und dich besser darauf einlassen können. Du wirst unangenehme Aufgaben schneller und effizienter erledigen. Das macht dich mutig und selbstbewusster. Nur so wirst du deine Komfortzone gar nicht mehr benötigen und dein Leben Stück für Stück verbessern.*

kannst. Ist dieser Punkt erreicht, hast du den Stress, dich irgendwie mit geballter Kraft mit der unangenehmen Aufgabe auseinanderzusetzen. Wird es jetzt nicht erst recht unangenehm?

Dieses Problem wird sich im Laufe der Zeit mehr und mehr von selbst erledigen. Wenn du dich regelmäßig mit dem Unangenehmen auseinandersetzt, wirst du dich daran gewöhnen, mehr damit zu tun zu haben und auch unangenehme Aufgaben schneller und effizienter zu erledigen. So hast du früher die Möglichkeit, Probleme zu beseitigen und dich bis zum nächsten Problem zufrieden zurückzulehnen – oder gleich neue Probleme anzugehen. Dein Fortschritt und deine Agilität werden sich Stück für Stück immer weiter verbessern, weil deine Angst immer mehr verschwindet.

Ebenso wirst du auf dieser Grundlage mutiger. Du wirst selbstbewusster und dir mehr zutrauen. Entsprechend wirst du auch vor großen Entscheidungen, die dein Leben gravierend beeinflussen können, nicht mehr so sehr zurückschrecken, weil du deine Komfortzone gar nicht mehr so stark brauchst, wie das vielleicht bisher der Fall war. Und genau auf diesem Wege schaffst du es, dein Leben zu verbessern und das zu erreichen, was du dir vornimmst. Ist das nicht ein Ziel, das es wert wäre, dafür zu arbeiten?

Heute beginnt der erste Tag vom Rest deines Lebens, den du mit einem neuen Zeitbewusstsein gestalten kannst.
(Prof. Dr. Lothar Seiwert)

KAPITEL 9

Rhythmusmanagement ist das neue Zeitmanagement

In den letzten Jahren habe ich dutzende Bücher gelesen sowie inspirierende und motivierende Menschen kennengelernt. Doch es gab eine Person, welche 2005 bei mir den Stein ins Rollen brachte und dafür bin ich ihr sehr dankbar. Die Rede ist von Prof. Dr. Lothar Seiwert.

In diesem Kapitel möchte ich ihn zu Wort kommen lassen. Er ist der Überzeugung *„Sein Leben mit den natürlichen Intervallen in Einklang zu bringen, führt zu mehr Gesundheit, mehr Wohlbefinden, mehr Wohlstand und einer längeren Lebenserwartung. Wir sind nicht nur fitter und leistungsfähiger, sondern auch zufriedener. Das macht Menschen nicht nur wirklich frei, sondern entfaltet ihre inneren Potenziale."* Wie euch dies gelingt und wie ihr eure eigenen Intervalle erkennt und im Alltag nutzt, verrät er euch in diesem Kapitel. Denn *„wer es schafft, im Einklang mit diesem Rhythmus, mit diesen Intervallen zu leben, der setzt ungeheure Energien frei!"*

Prof. Seiwert ist CSP (Certified Speaking Professional) und CSPGlobal. Er ist seit über 30 Jahren Europas führender Experte für Zeit- und Lebensmanagement. Millionen Menschen weltweit haben ihn in seinen Vorträgen erlebt und sind durch seine Bestseller dazu inspiriert worden, sich auf das Wesentliche zu fokussieren. Regelmäßig ist er als Referent zu unseren Events eingeladen und gewann außerdem den RED FOX Award.

► Weitere Informationen zu ihm findest du unter:
www.Lothar-Seiwert.de sowie **https://intervall-woche.de/**

Intervalle – das versteckte Potenzial unserer Arbeitswelt

Von Prof. Dr. Lothar Seiwert (mit Silvia Sperling)

Klassisches Zeitmanagement und seine zeitlosen Methoden funktionieren nach wie vor – nur die Rahmenbedingungen haben sich entscheidend verändert. Das wichtigste Tool ist weiterhin die Priorisierung, denn es gibt keine Zeitprobleme in unserer Arbeits- und Lebenswelt, sondern „nur" Prioritätenprobleme. „Keine Zeit" zu haben ist eine glatte Lebenslüge – es geht vielmehr um die Frage: Zeit wofür und wie schnell?

Das atemberaubende Tempo und die ständig wachsenden Informationsmengen, Vernetzungsmöglichkeiten und die zunehmende Verbreitungsgeschwindigkeit der Informationen ergeben zusammen eine gefährliche Mischung. Der Fachbegriff für diese Kombination aus Dynamik und Komplexität heißt Dynaxity. Unser Leben hat sich in allen Bereichen so sehr beschleunigt, dass die Dynaxity-Kurve in den letzten zehn Jahren exponentiell angestiegen ist.

Unsere Arbeitswelt ist nicht nur im Wandel, sie ist einem radikalen Transformationsprozess ausgesetzt. Denn die Arbeit, wie wir sie kennen, macht uns dauerhaft kaputt! Die Lösung liegt in unseren ***biologischen Intervallen***. Diesen Durchbruch verdanken wir drei amerikanischen Medizinern, die vor wenigen Jahren für ihre chronobiologischen Forschungen den Nobelpreis erhalten haben: Mehr Anerkennung, Renommee und Expertise als den Nobelpreis gibt es nicht.

Rhythm is it!

Hast du gut geschlafen? Fühlst du dich fit? Diese Fragen begegnen uns oft schon sehr früh am Tag, wenn wir die ersten Gespräche mit dem Partner oder Kollegen führen. Wir neigen dazu, sie als Floskeln abzutun, sie nicht wirklich ernst zu nehmen. Aber das sollten wir. Denn die Frage nach dem Schlaf ist viel wichtiger für unser Leben, für unser Wohlbefinden und für unser persönliches Vorankommen, als es den meisten Menschen bewusst ist. Die Frage nach dem Schlaf ist ein Schlüssel, der uns ganz neue Räume und Möglichkeiten eröffnet, unser Leben zu verbessern. Daher sollten wir uns häufiger selbst fragen, wie wir geschlafen haben, ob wir natürlich aufgewacht sind oder uns der Wecker aus den Träumen gerissen hat – und ob wir gut gelaunt aus dem Bett gesprungen sind oder es doch eher Überwindung gekostet hat, aus den Federn zu kommen.

Wie schlafen – und damit eng zusammenhängend – wie effektiv arbeiten eigentlich Menschen, die einer Vollzeitbeschäftigung nachgehen und von montags bis freitags in ein vorgegebenes Zeitschema gepresst sind? Die meisten von uns werden morgens unsanft aus dem Schlaf gerissen und müssen ihre natürliche Biologie unterdrücken. „Sie schlafen nicht zu Ende", wie es der Rhythmus-Coach Michael Wieden treffend formuliert. „Im Job würde man nie zulassen, wenn jemand ein Projekt oder eine Präsentation nicht zu Ende führt", so Wieden weiter. Warum gilt das dann nicht auch für den Schlaf, der doch so wichtig für uns ist?

Wir arbeiten uns kaputt

Wir haben hier ein Problem, das in unserer Gesellschaft erhebliche Relevanz besitzt: Wir arbeiten gegen unseren natürlichen Rhythmus. Die meisten manipulieren ihre innere Uhr, indem sie bereits frühmorgens in den ersten Meetings sitzen, obwohl sie eher abends zur Höchstform auflaufen.

Andere schieben Überstunden bis spät in die Nacht, wohlwissend, dass ihre produktive Phase in den Morgenstunden liegt. Warum tun sie das? „Wenn ich nach meinem biologischen Rhythmus zur Arbeit gehen würde, käme ich um 22 Uhr nach Hause. Da hat der Supermarkt aber zu“, sagt die eine. „Irgendjemand muss das Geld verdienen, und so ist die Arbeitszeit bei uns nun mal,“ erwidert der andere resigniert.

Mediziner sind sich einig: Die Folgen des Schlafdefizits – etwa höhere Fehleranfälligkeit aufgrund von begrenzter Konzentrationsfähigkeit, höhere Fehlzeiten, ganz zu schweigen von den gesundheitlichen Folgen – sind fatal. Und das kostet Geld. Unternehmen verlieren weltweit jährlich Milliardenbeträge, weil ihre Mitarbeiter ungesund oder unausgeschlafen sind.

Die Art zu arbeiten, wie wir sie kennen, macht uns krank. Arbeitnehmerinnen und Arbeitnehmer haben das Gefühl, in einer gigantischen Maschinerie gefangen zu sein, die sie längst schon aufgefressen hat. Sie haben das Gefühl, nur noch Teil eines großen Hamsterrads zu sein, das sie nicht mehr durchschauen können. Wir sind kaputt. Wir sind müde. Wir fühlen uns fremdbestimmt. Wir unterwerfen uns einer äußeren Taktung, die uns nicht natürlich erscheint. Wir leben gegen unsere Intervalle. Ja, wir arbeiten gegen uns selbst. Sogar in der Freizeit schaffen es viele nicht richtig zu entspannen. Mit unseren Arbeitszeitmodellen haben wir uns in eine Sackgasse verfrachtet.

Fakt ist: Seit der Einführung der 40-Stunden-Woche durch Henry Ford in 1914 hat sich nicht viel verändert. Die Mehrheit steckt heute noch in Nine-To-Five-Jobs. Ihnen bleiben acht Stunden für die Freizeit und acht Stunden zum Schlafen. Müdigkeit, Überarbeitung und Stress sind die Folgen. Dieses Arbeitszeitmodell ist der akzeptierte Status quo. Dabei ist es eine Hinterlassenschaft der „alten“ Industrialisierung. Diese Art zu arbeiten hat noch funktioniert, als wir mit dem Fließband Produkte hergestellt haben. Für unsere digitalisierte, technologisierte, vernetzte und globalisierte Welt passt das Modell nicht mehr. Wir leben in einer Wissensgesellschaft.

Auf individuelle Lösungen kommt es an, die die Komplexität unserer Zeit bewältigen. Die schnellste Technologie nützt nichts, wenn sie die Menschen dabei kaputt macht. Eine Anpassung der Arbeitsorganisation tut Not. Während die Technologien die repetitive Arbeit übernehmen, müssen sich Menschen um neue Lösungen kümmern, die Richtung vorgeben, gestalten und Innovationen hervorbringen. Dafür bedarf es Kreativität und frischen Geist – beides zeigt sich nur, wenn die Menschen gesund, ausgeschlafen und zufrieden sind und nicht unter Stress stehen.

Mitarbeiter fordern diese Bedingungen immer stärker ein, die sie gesund und leistungsfähig erhalten. Die Chronobiologie bietet dafür mögliche Ansätze, denn sie beschäftigt sich mit der zeitlichen Organisation von biologischen Systemen. Und da kommen die Intervalle ins Spiel.

Der Fokus liegt auf dem Menschen

Schon seit einiger Zeit wird mehr und mehr von Intervallen gesprochen: „Intervall-Sport", „Intervall-Fasten" und „Intervall- Schlaf" – die Menschen haben entdeckt, dass sie mithilfe ihrer ureigenen Intervalle ihr Leben verbessern können. Sie sind so etwas wie unsere innere Uhr, die uns den Takt vorgibt. Und die sehr viel mehr Einfluss auf unseren Alltag hat, als wir uns das jemals hätten vorstellen können. 2017 ging der Nobelpreis für Medizin an drei Chronobiologen: Ihnen war es erstmalig gelungen, systematisch zu beweisen, dass alle Lebewesen, auch der Mensch, innere Rhythmen haben, die von unserer Biologie vorgegeben und genetisch verankert sind. Es gibt Körperrhythmen, Lebensrhythmen und eben auch Arbeitsrhythmen.

Wir arbeiten auch nicht zu viel – wir arbeiten falsch! Und das hängt, wie wir heute wissen, mit unseren biologischen Intervallen zusammen. Die Chronobiologie hat entdeckt, dass alle Lebewesen eine innere Uhr haben. Auch der Mensch. Diese ***innere Uhr*** gibt ihm einen bestimmten Rhythmus vor, und wer es schafft, im Einklang mit diesem Rhythmus, mit diesen

Intervallen zu leben, der setzt ungeheure Energien frei. Das ist das Erfolgsgeheimnis von neuen Methoden wie dem Intervall-Training, dem Intervall-Fasten oder dem Intervall-Schlaf.

Warum also nicht auch die Arbeit den eigenen Intervallen anpassen? Denn es ist Fakt: Unsere gegenwärtige Arbeitswelt steht im Gegensatz zu unserer natürlichen Biologie. Aus den zwei Kräften, die auf uns wirken – unserer inneren biorhythmischen Taktung und der äußeren Fremdtaktung – entsteht eine Asynchronität, die uns krank macht. Unternehmen verlieren weltweit jährlich Milliardenbeträge, weil der Krankenstand neue Höchstwerte erreicht – und das auch schon vor Corona. Die Fehltage aufgrund seelischer Probleme haben sich in den vergangenen zehn Jahren gar verdoppelt!

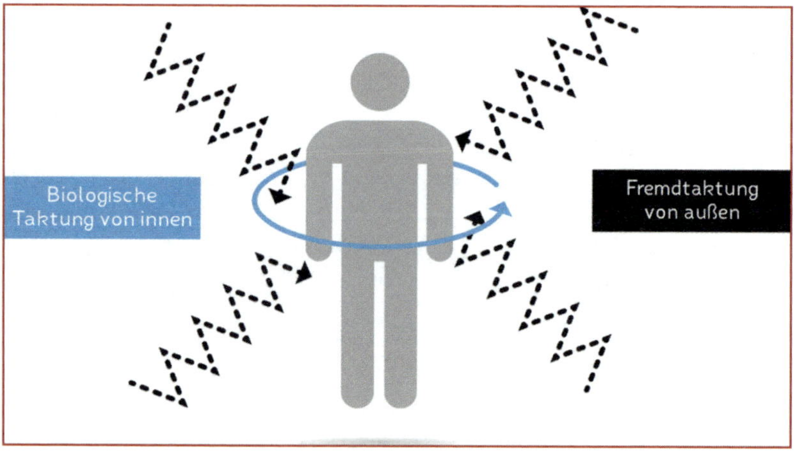

Chronobiologen sind sich sicher: Die Intervalle sorgen dafür, dass der Mensch gesund bleibt. Die biologischen Rhythmen stabilisieren die Funktion des Organismus und unterstützen ihn bei Regeneration und Gesundung. Hierzu werden die Frequenzen sämtlicher Rhythmen, die in komplexer Weise miteinander verschränkt sind, aufeinander abgestimmt. Diese Synchronisierung erfolgt im entspannten Zustand des Organismus, bevorzugt während des Schlafs. Was passiert also, wenn die biologischen Rhythmen gestört sind? Dann fehlt dem Organismus die Zeit, sich zu regenerieren. Der Mensch gerät aus dem Gleichgewicht.

Ausreichender Schlaf ist also essenziell für die Produktivität und das Wohlbefinden der Beschäftigten. Und weit mehr. Wer sich die körpereigenen Intervalle zunutze macht und gewissermaßen mit der natürlichen Biologie arbeitet, der kann durch eine Art Hebelwirkung die besten nur vorstellbaren Ergebnisse erzielen.

Das richtige Timing finden

Im Durchschnitt betrachtet liegt bei den meisten Menschen die höchste Konzentrationsphase zwischen sieben und acht Uhr morgens. Das Gehirn ist frisch ausgeschlafen und arbeitet auf Hochtouren. Der sogenannte Sympathikus, oder auch Fight-or-Flight-Modus, ist aktiv. Danach folgt eine kreative Phase, die etwa von acht bis neun Uhr andauert. Wer Probleme zu lösen hat, findet dafür eine gute Zeit vormittags zwischen neun und zwölf Uhr, bevor die Konzentrationsleistung um die Mittagszeit nachlässt.

Das vegetative System verlangt nach Ruhe und schaltet auf Rest-and-Digest-Modus um, auch Parasympathikus genannt. Ein neues Fenster für kreative Problemlösung öffnet sich erst wieder nach 15 Uhr und hält etwa zwei Stunden an. Zur späteren Stunde ab 18 Uhr wechselt der Körper zur Inspirationsphase über und erlaubt uns, mühelos neue Zusammenhänge herzustellen und aus äußeren Eindrücken die besten Impulse zu ziehen. Ab 21 Uhr ist dann idealtypisch Schicht im Schacht. Die Konzentrationsleistung ist am niedrigsten, der Organismus verlangt nach Erholung. Bei den meisten von uns ist zu dieser Uhrzeit das Schlafhormon Melatonin auf dem Vormarsch. Noch schnell eine Nachricht durchlesen, die letzte WhatsApp versenden, bevor das Licht wirklich ausgeht...

Wenn es nach unserem Körper ginge, wäre das sein Idealzustand. Hand aufs Herz: Können wir es uns heute tatsächlich leisten, vollständig nach der natürlichen Taktung zu leben? Wahrscheinlich nicht. Doch wir können uns dem natürlichen Biorhythmus so gut es geht annähern. Je exakter, desto besser. Die Vorteile sind nicht von der Hand zu weisen: Je mehr unser Körper im Einklang mit seinen natürlichen Intervallen ist, je mehr er seiner inneren Uhr gehorcht, desto besser geht es uns. Und umgekehrt: Je mehr wir aus dem Takt sind, desto schlechter, müder und ausgebrannter fühlen wir uns. Nach dem Grundprinzip der Chronobiologie tun wir gut daran, nicht die Geschwindigkeit, sondern vielmehr unseren Rhythmus zu optimieren. Aus der ***Traditionellen Chinesischen Medizin (TCM)*** kennt man schon sehr lange die Organuhr und die verschiedenen menschlichen Zyklen.

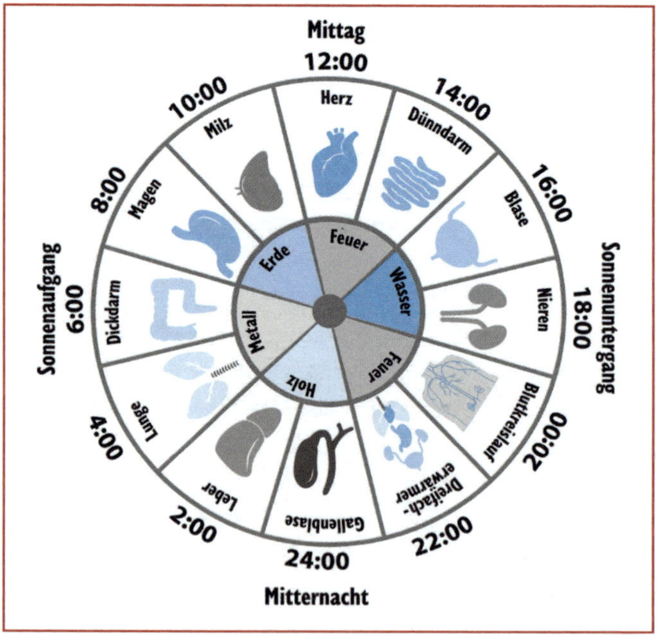

Die Organuhr der traditionellen chinesischen Medizin (TCM)

Watch your Biorhythmus! Empowerment von innen

Untersuchungen zur chronobiologischen Arbeitsgestaltung am Fraunhofer-Institut zeigen unmissverständlich: Sein Leben mit den natürlichen Intervallen in Einklang zu bringen, führt zu mehr Gesundheit, mehr Wohlbefinden, mehr Wohlstand und einer längeren Lebenserwartung. Wir sind nicht nur fitter und leistungsfähiger, sondern auch zufriedener. Das macht Menschen nicht nur wirklich frei, sondern entfaltet ihre inneren Potenziale. Und das bringt am Ende bessere Ergebnisse im Job und kommt dem Unternehmen zugute.

Im ersten Schritt müssen wir erkennen, wie wir selbst ticken – und wie weit diese Taktung von dem entfernt ist, was die Außenwelt von uns erwartet. Mein Tipp: ein eigenes ***Intervall-Journal*** führen. Sprich: Den eigenen Tagesablauf beobachten und aufschreiben. Nicht nur in einer normalen Arbeitswoche, sondern auch im Urlaub. Wir tragen ein, wann wir wach werden, ob durch einen Wecker oder nicht; wann unsere kreative Phase ist und wann wir einen Leerlauf haben. Am Ende haben wir einen Überblick gewonnen, wie stark sich unsere biologischen Intervalle von unserer äußeren Taktung unterscheiden – und können unserem ***Intervall-Typ*** entsprechend an den ersten Stellschrauben drehen, um die beiden Rhythmen einander anzunähern. Wir werden feststellen, dass sich unsere Aktivitäts- und Erholungsphase mit erstaunlicher Genauigkeit abwechseln. Jeder hat seine individuellen Phasenfenster. Man muss nicht einmal auf die Uhr schauen, sondern einfach nur dem Rhythmus folgen, bei Anzeichen

> *Führe ein eigenes Intervall-Journal und beobachte deinen Tagesablauf einmal ganz genau. Sowohl während einer ganz normalen Arbeitswoche, als auch im Urlaub. Nutze dafür die Vorlage von Prof. Dr. Lothar Seiwert.*

von leichter Müdigkeit Pausen machen und dann wieder energiegeladen ans Werk gehen. Nichts erzwingen. Wenn man mit dem Körper arbeitet, ihm vertraut, sendet er Signale, die uns ganz automatisch helfen, unseren Arbeitstag zu strukturieren.

Mein Intervall-Journal

Intervall	1. Tag	2. Tag	3. Tag	4. Tag	5. Tag	6. Tag	7. Tag	Datum einfügen / Uhrzeit einfügen
Schlaf								Wann bin ich wach geworden? *Mit dem Wecker
Arbeit								Wann war meine Konzentration am höchsten?
Müdigkeit								Wann hatte ich ein Tagestief?
Kreativität								Wann hatte ich eine Kreativ-phase?
Freizeit								Wann habe ich bewusst ent-spannt?
Familie								Wann habe ich Zeit mit der Familie verbracht?
Warten								Wann hatte ich einen Leerlauf?
Freunde								Wann habe ich mich mit Freun-den getroffen, telefoniert oder geschrieben?
Gesundheit								Wann habe ich mir Zeit für meine Gesundheit genommen?

Tagesablauf anpassen.

So individuell unsere inneren Taktungen auch sind, so gibt es doch Richtwerte, wie die meisten Menschen ticken. Idealtypisch verlaufen unsere Phasen über den Tag hinweg in etwa so:

7 bis 8 Uhr:
Konzentrationsphase

8 bis 9 Uhr:
Kreativphase

9 bis 12 Uhr:
Problemlösungsphase/ Konzentrationsphase

12 bis 15 Uhr:
Leistungstief

15 bis 17 Uhr:
Problemlösungsphase/Kreativphase

18 bis 21 Uhr:
Reflexionsphase (Zusammenhänge lassen sich besonders gut erkennen)

Vielleicht lassen sich ja künftig berufliche Termine und Meetings stärker auf diese Phasen abstimmen? Wenn wir öfter im Homeoffice arbeiten, sind die meisten flexibler in ihrer Zeiteinteilung. Der perfekte Moment, um sich auf Veränderungen einzulassen! Dabei empfiehlt es sich, vom Ergebnis her zu denken: Ist für eine Aufgabe die Konzentrationsleistung der Mitarbeiter gefragt, lieber die Vormittagsstunden dafür reservieren. Wird hingegen die Kreativitätsphase benötigt, ist der Nachmittag aus chronobiologischer Sicht geeigneter. Ein Strategie-Meeting um 14 Uhr, direkt nach dem Mittagessen, ist zum Scheitern verurteilt, bevor es überhaupt angefangen hat. Nicht ohne Grund legt Jeff Bezos alle wichtigen Termine und Meetings auf den Vormittag zwischen 10-12 Uhr.

Die Woche optimieren.

Auch im Wochenverlauf können wir bestimmte Leistungsverläufe beobachten, die wir uns zunutze machen können. So ist am Dienstag die Leistungskurve am höchsten und wir sind am leistungsfähigsten. Am Donnerstag sinkt die Konzentration ab, um freitags mit der Aussicht und Vorfreude auf das Wochenende wieder anzusteigen. Wenn wir diese Potenziale und Leistungsfenster kennen, können wir sie bewusst nutzen. Denn in ihnen liegt eine große Chance, sowohl für die Mitarbeiter als auch für den Erfolg eines ganzen Unternehmens.

Schlaf und Schlafqualität optimieren.

Mit Abstand die meisten Menschen werden morgens durch einen Wecker wach. Im Sinne unserer Schlafgesundheit ist das fatal, denn es bedeutet nichts anderes, als dass wir nicht zu Ende schlafen. Die Medizin hat die Folgen definiert: Es gibt eine höhere Fehleranfälligkeit, da die Konzentrationsfähigkeit begrenzt ist, und mehr Krankmeldungen aufgrund eines Schlafdefizits. Das liegt unter anderem auch daran, dass der Schlaf eine Art Detox für das Gehirn ist. Wirklich wahr! Während des Schlafs spült eine Flüssigkeit, der Liquor, das Gehirn einmal durch – eine Art „Gehirnwäsche“ also. Aus Studien ist bekannt, dass Hirnflüssigkeit toxische Eiweiße aus den grauen Zellen spülen kann, die der Gedächtnisleistung schaden können. Wenn der Wecker klingelt, wird dieser Prozess einfach unterbrochen. Ein gutes Argument für deinen Chef, dich künftig ausschlafen zu lassen. Denn er würde ja auch im Arbeitsalltag nicht zulassen, dass eine Aufgabe einfach nicht zu Ende geführt wird. Hier kommt uns die Arbeit im Homeoffice ebenfalls entgegen: Denn die Zeit, die wir sonst für den Weg ins Büro brauchen, können wir jetzt zum Schlafen nutzen.

Erreichbarkeit begrenzen.

Bei allen Vorteilen des Remote-Arbeitens gibt es auch Risiken. Das größte Problem ist, dass Menschen im Homeoffice die sozialen Kontakte vermissen. Und zweitens, dass sie die Grenzen zwischen Arbeit und Privat nicht mehr spüren. Alles geht ineinander über. Wichtig ist daher, ganz diszipliniert die eigene Erreichbarkeit zu begrenzen. Wer Always-On ist, ist dem Burnout schon näher als gedacht.

Wer sich seiner Intervalle bewusst ist und kleine Änderungen im Tagesrhythmus anstößt, hat schon viel gewonnen – allein durch die Selbstwirksamkeit, die damit verbunden ist. Indem wir selbst die Verantwortung für unsere Gesundheit und Leistungsfähigkeit übernehmen, gewinnen wir die Kontrolle zurück und sind motivierter und zufriedener. Einen Versuch ist es wert, oder?

Schnellstart mit den Intervallen

Was also tun, um nicht von der Konkurrenz abgehängt zu werden? Wie kann jeder Einzelne starten, um den entscheidenden Unterschied zu machen? Die Antwort liegt in uns selbst. Besser gesagt, in unseren Genen. Wir brauchen lediglich Tools, die ein Gleichgewicht der inneren Intervalle mit der Fremdtaktung von außen wieder ermöglichen. Die Natur selbst liefert dafür eine Art Blueprint und zeigt, wie es geht. Mit der Intervall-Woche geben wir den Anstoß. Basierend auf dem Mechanismus der inneren Uhr haben wir ein Prinzip erkannt, das auf die menschlichen Arbeits- und Lebensintervalle erstaunlich gut zutrifft. So entstand ein Tool, das aus vier Schritten besteht und das ich die ***„BOSS-Methode“*** nenne. Dieses Akronym setzt sich wie folgt zusammen:

BOSS-Methode

Rhythmen ins Gleichgewicht bringen

B Beobachtung *(Behold)*
O Organisation *(Organize)*
S Sinngebung *(Sense)*
S Synchronisation *(Synchronize)*

- **B wie beobachten (Behold), eine Bestandsaufnahme machen:** In einem ersten Schritt geht es darum, sich seiner eigenen Intervalle bewusst zu werden. Jeder Mensch tickt anders. Jeder Mensch hat seinen eigenen Rhythmus. Dabei steht eine detaillierte Selbstbeobachtung im Fokus.

- **O wie organisieren (Organize), planen:** Wenn man sich seiner eigenen Intervalle bewusst wird, tritt man in die Planungsphase ein. Das Ziel ist, den Arbeitsalltag zu optimieren und die verborgenen Kapazitäten freizulegen. Es geht darum, die eigene Leistungsfähigkeit und so das Empowerment zu steigern.

- **S wie Sinn geben (Sense), Sinn finden:** Zur erfolgreichen Umsetzung der Intervall-Woche sind nicht nur die optimale Leistungskraft, sondern vor allem der Leistungswille wesentlich. Das Hinterfragen der Vision ist hier grundlegend. Wie lautet der Zweck, der Purpose der eigenen Arbeit?

- **S wie synchronisieren (Synchronize), zusammenführen**: Der vierte und letzte Schritt ist die finale Synchronisation, indem nicht nur der Arbeitsalltag, sondern schlussendlich das gesamte Leben an die persönlichen Intervalle angepasst werden.

Werden die inneren Bedürfnisse von uns selbst erst einmal ernst genommen, beginnt der Strukturwandel in jedem selbst. Mit der Ausrichtung auf die Biologie setzen wir individuelle Hebel in Bewegung, die nicht nur die Produktivität und Ökonomie wachsen lassen, sondern grundsätzlich das gesamte Leben verbessern. Die gesuchten Kompetenzen von morgen sind daher Selbststeuerung, Eigenverantwortung, Flexibilität und eine gehörige Portion Mut, Neues zu wagen. Wir werden danach nicht nur wesentlich besser schlafen ...

Klassisches Zeitmanagement ist weiterhin gut und hilfreich. Rhythmusmanagement ist neu und zeitgemäß: **Rhythmusmanagement ist das neue Zeitmanagement.**

Das Buch zum Thema

Seiwert, Lothar und Sperling, Silvia: „Die Intervall-Woche: Arbeitest du noch oder lebst du schon? Der einfachste Weg zu NEW WORK" (inkl. Intervalltypen-Test und New-Work-Skills), Droemer Knaur, 2020, 18 €. www.intervall-woche.de ***(hier kostenloser Intervall-Typen-Test!)***

Über Prof. Dr. Lothar Seiwert

Wer sich mit den Themen Zeitmanagement und Work-Life-Balance beschäftigt, kennt **Prof. Dr. Lothar Seiwert**. Seit über 30 Jahren begeistert der von der Zeitschrift Focus als ‚Deutschlands führender Zeitmanagement-Experte' betitelte Top-Keynote-Speaker auf internationalen Veranstaltungen. Das, was er macht, macht er mit System und inspiriert in seinen Vorträgen, Fernsehauftritten, Pressekolumnen und Büchern dazu, sich auf das Wesentliche zu fokussieren und mit der eigenen Zeit besser umzugehen.

Mehr als 500.000 Zuhörer haben ihn bei Veranstaltungen in Europa, Asien und den USA erlebt. Lothar Seiwert schrieb bereits über 60 Bücher, die in 40 Sprachen übersetzt und über 5 Mio. Mal verkauft wurden. Als Bestsellerautor („Simplify your Life", „Wenn du es eilig hast, gehe langsam", „Die Bären-Strategie", „Die Tiger-Strategie" u.v.m.) und Business-Speaker wurde er vielfach ausgezeichnet. U.a. erhielt er den Benjamin-Franklin-Preis („Bestes Business-Buch des Jahres"), den Internationalen Deutschen Trainingspreis, den Life Achievement Award, den RED FOX Award und den Conga-Award in Gold als bester Business-Speaker der Deutschen Veranstaltungsbranche. Die German Speakers Association (GSA) ehrte ihn mit der Aufnahme in die „Hall of Fame" der besten Vortragsredner und wählte 2015 Prof. Seiwert zu ihrem Ehrenpräsidenten. In den USA wurde Prof. Seiwert mit dem höchsten und härtesten Qualitätssiegel für Vortragsredner, dem CSP (Certified Speaking Professional), und 2018 in Auckland/ Neuseeland vom Speaker-Weltverband GSF mit dem Global Speaking Fellow, ausgezeichnet. 2019 erhielt er den RED FOX Award als bester Speaker in der Kategorie Business.

▶ www.Lothar-Seiwert.de

Co-Autorin des Beitrages:

Silvia Sperling, MBA, ist Wirtschaftsjournalistin, Autorin und Acquisition Editor für Themen rund um Persönlichkeitsentwicklung, Lebensbalance und gesunde Lebensführung. Nach ihrem Aufenthalt im Silicon Valley hat sie sich auf Innovationsmanagement spezialisiert.

▶ www.intervall-woche.de

Als Dankeschön fürs aufmerksame Lesen dieses Beitrags erhältst du **5 kostenlose Geschenke** von Prof. Dr. Lothar Seiwert auf *https://www.reneemoore.com/seiwert*

1. **E-Book „Kursbuch ZEITNAH LEBEN:** Wie Sie Ihre Lebens-Balance auf Kurs bringen“
2. Zwei Hörbücher zum „Kursbuch ZEITNAH LEBEN“ sowie 10 Videolektionen
3. **Komplette Buch-PDF „LIFE-LEADERSHIP:** Sinnvolles Selbstmanagement für ein Leben in Balance“ (ca. 250 Seiten)
4. **Hörbuch „ZEIT!“ (Sales-Up-Call):** MP3-Datei
5. Komplettes Transcript zum o.g. Hörbuch

Im Leben geht es nicht darum zu warten, dass das Unwetter vorbeizieht, sondern zu lernen, im Regen zu tanzen.

KAPITEL 10

Gewohnheiten: Wie sie dir schaden, wie sie dir nützen

Nutze Gewohnheiten, um dir einen Vorteil zu verschaffen

Gewohnheiten sind ein elementarer Bestandteil unserer Komfortzone. Und auch wenn wir sie ständig hinterfragen müssen, um herauszufinden, ob unser standardisiertes Verhalten tatsächlich das Beste für uns ist, können wir Gewohnheiten auch zu unserem Vorteil nutzen. Das gelingt genau dann, wenn wir ein positives Verhalten finden, zu dem wir uns gar nicht selbst aufraffen müssen, sondern das als Routine quasi von selbst abgespielt wird. Wie du dies zu deinem Vorteil nutzen kannst, zeige ich dir in diesem Kapitel. Doch zunächst sollten wir klären, wie Gewohnheiten überhaupt funktionieren.

Der Ablauf bei der Entstehung einer Gewohnheit ist immer relativ gleich:

- Ein Gedanke führt zu einer Tat: Wir überlegen uns zu Beginn in einer Situation, die wir so noch nicht erlebt haben, bewusst, wie wir handeln.
- Eine Tat führt zu einer Gewohnheit: Sind wir mit unserem Verhalten erfolgreich und künftig vergleichbaren Situationen ausgesetzt, erinnern wir uns im Regelfall an unser vorheriges Verhalten und setzen es erneut nach diesem Muster um. Eine Gewohnheit schleicht sich ein.
- Die Gewohnheit prägt unseren Charakter: Nahezu jede Gewohnheit,

die wir uns antrainieren, wirkt sich auf uns entweder positiv oder negativ aus. Unsere charakterliche Prägung entwickelt sich auf Basis unserer antrainierten Gewohnheiten weiter.

- Unser Charakter prägt unser Leben.

Nicht jede Gewohnheit prägt unser Leben intensiv, aber je nach Einfluss der Gewohnheit können wir ein ganzes Leben lang von ihr profitieren – oder unter ihr leiden.

Genau aus diesem Grund ist es unglaublich wichtig, dass wir versuchen, Gewohnheiten zu unserem Vorteil zu nutzen. Die Tragweite unseres routiniert abgespielten Verhaltens ist uns häufig nämlich gar nicht bewusst. Wissenschaftlichen Schätzungen zufolge basieren 30 bis 50 Prozent unseres täglichen Handelns auf Gewohnheiten (Bas Verplanken, Professor für Sozialpsychologie, University of Bath im Jahr 2015).

> *30-50 Prozent unseres täglichen Handelns basieren auf Gewohnheiten. Diese wiederum prägen unseren Charakter - positiv wie negativ, mal mehr, mal weniger intensiv. Und unser Charakter prägt schließlich unser Leben.*

Doch wie funktionieren Gewohnheiten überhaupt?

Wenn wir uns Gedanken über eine Handlung machen und eine Entscheidung treffen, sind dafür bestimmte Hirnareale zuständig, die uns das komplexe Denken ermöglichen. Mithilfe dieser treffen wir die Entscheidung, was wir machen wollen. Stehen wir später noch einmal vor der gleichen oder einer ähnlichen Situation, können wir das einmal angewendete Verhalten erneut für uns nutzen. Die Voraussetzung ist, dass wir uns noch daran erinnern und dass das Verhalten aus unserer Sicht zum Erfolg geführt hat. Sonst wählen wir einen anderen Lösungsweg.

Am Beispiel deines Arbeitsweges würdest du dir zunächst eine Route oder Bahnstrecke suchen, die du für dich nutzen kannst, sobald du in deinem Job anfängst. Du probierst diese Route aus und wenn sie für dich funktioniert, wirst du die gleiche Route wahrscheinlich immer wieder nutzen. Je länger du die Route nutzt, umso weniger musst du darüber nachdenken, was du tust – das Verhalten wird von selbst abgespielt und du hast, salopp formuliert, deine Ruhe vor diesem Problem. Das funktioniert solange, bis du – aus welchem Grund auch immer – entweder keinen Erfolg mehr mit diesem Verhalten hast oder bis du eine Gewohnheit findest, die diese alte Gewohnheit ablösen kann.

Während dieses Prozesses findet im Gehirn eine Veränderung statt. Je länger du die Route nutzt, umso weniger werden dafür die Hirnregionen für komplexe Denkprozesse und Entscheidungen genutzt. Stattdessen sind nun die Basalganglien tief im Inneren des Gehirns aktiv. Früher nahm man an, dass diese für Reflexe und instinktives Handeln zuständig sind. Heute spricht man eher von einer Art Handlungsgedächtnis.

Aber so verkehrt ist der Gedanke eines Reflexes in diesem Zusammenhang gar nicht. Ein Reiz löst ein bei dir im Kopf eingespeichertes Programm aus, und das spielst du, wenn du dich nicht dagegen wehrst, ab, bis es abgeschlossen ist.

Biologisch betrachtet handelt es sich um Vereinfachungsprogramme, um regelmäßige Handlungen ohne Nachdenken ausführen zu können. Dadurch sparst du Energie und Kapazität, um über wirklich wichtige Dinge nachdenken zu können. Kindern beispielsweise müssen alle diese Routinen erst beigebracht werden. Fahrradfahren, Schnürsenkel zubinden, zu bestimmten Zeiten aufstehen – all das kennen Kinder erst einmal nicht, bis sie sich diese Gewohnheiten nach und nach aneignen.

Welche Gewohnheiten nützen dir, welche schaden dir?

Die Komfortzone und Gewohnheiten sind eng miteinander verwoben. Deshalb unterscheiden auch Gewohnheiten nicht, ob ein Verhalten gut für uns ist oder nicht. Es hat uns subjektiv betrachtet einen Erfolg verschafft, aber die Gewohnheit kann nicht planen, welche langfristigen Auswirkungen sie auf uns hat. Deshalb ist es wichtig, dass du erkennst, welche Gewohnheiten dir nützen und welche dir schaden. In Kapitel 1 habe ich dir einen kleinen Überblick darüber gegeben, welche Gewohnheiten ich für sinnvoll halte und welche pure Zeitverschwendung sind.

Ich persönlich bilde mich ständig weiter, indem ich lese. Wenn du dir die erfolgreichsten Unternehmer:innen weltweit anschaust, wirst du darunter keinen finden, der sich nicht auf diese Art und Weise weiterbildet. Bildung ist dein Kapital, weil sie dir Prozess- und Strukturoptimierung ermöglicht.

Für den körperlichen und geistigen Ausgleich sind Sport, Yoga und Meditation sinnvolle Beschäftigungen. Ein vitaler Körper und ein gesunder Geist sind hervorragende Voraussetzungen, um erfolgreich zu sein.

Negativ hingegen sind völlig belanglose Beschäftigungen, die dich im Leben keinen Millimeter weiterbringen, beispielsweise Fernsehen, oder die dir generell langfristig schaden, beispielsweise das Rauchen.

Wie beeinflusse ich meine Gewohnheiten?

Die Grundlage dafür findest du zuerst in deinem Bewusstsein für die Gewohnheiten. Du musst herausfinden, welche Gewohnheiten du hast, welche davon dich positiv beeinflussen und welche negativ. Die positiven Gewohnheiten solltest du beibehalten oder verstärken, die Negativen hingegen beseitigen.

Damit du das herausfindest, solltest du dir die folgenden Fragen stellen:

- **Welche Gewohnheiten habe ich?**

Versuche bewusst darauf zu achten, dann erkennst du deine Gewohnheiten. Nimm dir beispielsweise für einen Tag oder eine ganze Woche vor, dein Verhalten näher zu beobachten. Welche äußeren Reize müssen gesetzt werden, damit du welches Verhalten ausführst? Was machst du beispielsweise nach dem Aufstehen? Gerade hier wirst du fast nur Routine bis zum Arbeitsplatz finden. Was machst du als Erstes, wenn du am Arbeitsplatz bist? Liest du Mails, widmest du dich anderen Standardaufgaben oder arbeitest du direkt an speziellen Projekten? Wie klingt dein Arbeitstag aus und wie verbringst du deine Zeit nach der Arbeit? All das ist zu großen Teilen von Gewohnheiten geprägt.

- **Welche dieser Gewohnheiten bringen dir einen Nutzen, welche behindern dich oder schaden dir?**

Hier gibt es nicht viele Gewohnheiten, die als neutral gesehen werden können. Jede Gewohnheit beeinflusst und prägt dich in gewisser Weise – entweder positiv oder negativ. Versuche herauszufinden, welche es sind, die dir nicht nützen.

- **Welche Verhaltensweisen machen dich stolz, für welche schämst du dich?**

Es gibt Gewohnheiten, gegenüber denen du eine emotionale Verbindung hast. Stolz und Scham sind Beispiele für den Ausdruck dessen, was du für richtig oder falsch, als gut oder schlecht empfindest. Je mehr Gewohnheiten du findest, auf die du stolz bist, umso eher kannst du davon ausgehen, dass du dein Leben nach deinen Vorstellungen und Wünschen ausrichtest. Je mehr Gewohnheiten du hast, die dir unangenehm sind, umso weniger stimmt dein Leben mit deinen Idealvorstellungen überein.

Bist du dir nicht ganz sicher, ob eine Gewohnheit für dich positiv oder negativ ist, solltest du dir überlegen, wie sie sich langfristig auf dein Leben auswirkt. Was wird die Gewohnheit in zehn, 15 oder 20 Jahren mit dir gemacht haben? Wirst du mit ihr besser oder schlechter dastehen? An dieser Stelle gerne noch einmal der Verweis darauf, dass dich ein Kaffee bei Starbucks am Tag in deinem Leben 100.000 Euro kosten kann – genau in dieser Langfristigkeit solltest du denken.

Hast du nun eine Übersicht darüber, welche Gewohnheiten du hast und ob sie dich positiv oder negativ prägen, kannst du versuchen, sie zu verändern. Das kann auf zwei Arten gelingen: Entweder versuchst du, neue, positive Gewohnheiten zu deinem Verhaltenspool hinzuzufügen. Oder du versuchst, dir negative Verhaltensweisen abzugewöhnen. Wie beides funktioniert, zeige ich dir in den nächsten Absätzen.

Beobachte deinen Alltag für einen Tag oder idealerweise eine ganze Woche und versuche deine Gewohnheiten zu erkennen und schreibe sie anschließend auf. Überlege dann, welche von deinen Gewohnheiten dir schaden oder dich weiterbringen.

Wie du positive Verhaltensweisen in dein Leben integrierst

Bei Gewohnheiten ist es wie mit deinen anderen Handlungen: Motivation ist der Schlüssel zum Erfolg. Um Gewohnheiten zu schaffen, muss dein neuronales Nervensystem aktiviert werden. Dieses aktiviert sich über Motivation, Routine und Erfolg, wobei gerade Motivation und Erfolg ausschlaggebend sind.

Das heißt für dich: Wenn du etwas gerne tust, wirst du viel leichter eine Gewohnheit daraus entwickeln können, genauso wenn du hinterher ein Erfolgserlebnis verspürst. Wenn dich dein/e Partner:in regelmäßig darauf aufmerksam macht, dass du den Toilettendeckel oben lässt oder die Zahnpastatube nicht zuschraubst, dann kann das daran liegen, dass dich das schlicht nicht interessiert. Du siehst keine große Motivation, dies zu tun und verspürst auch keinen Erfolg, wenn du es getan hast. Hast du keine Lust auf eine Handlung, dann interessiert sich auch dein Nervensystem nicht dafür, selbst wenn du sie öfter ausführst.

Umgekehrt funktioniert das genauso. Falls du deine Laufschuhe nach dem Aufstehen siehst und direkt Lust aufs Joggen bekommst, wirst du das viel mehr für dich nutzen können, um eine Gewohnheit daraus zu entwickeln. Wenn du für dich auf dieser Grundlage entscheidest, direkt morgens joggen zu gehen, dann hast du gute Chancen, das auch häufiger zu tun – im besten Fall jeden morgen. Wenn dich der Anblick hingegen völlig nervt, weil du dich wieder 15, 30 oder 60 Minuten abquälen musst, wird dir das deutlich schwerer fallen.

Das bedeutet, dass du Gewohnheiten genau dann integrieren kannst, wenn du zu bestimmten Zeiten oder in bestimmten Situationen einen positiven Reiz setzen kannst. Versuche, genau diesen positiven Ansatz zu finden und dann konsequent zu verfolgen. Fokussiere dich genau auf diese drei Faktoren:

- **Motivation oder Lust**

  Das, was du tust, muss dir Spaß machen. Oder du findest gute Gründe dafür, es zu tun. Dann hast du eine Grundlage dafür, es auch regelmäßig zu tun. Um deiner Motivation kein unüberwindbares Hindernis entgegenzusetzen, solltest du in kleinen Schritten anfangen, das Verhalten zu integrieren. Versuchst du beispielsweise aus dem Stand 60 Minuten zu joggen, ohne das vorher gemacht zu haben, wirst du schnell den Eindruck bekommen, dass deine Motivation diesen schier unmenschlichen Aufwand nicht wert ist. Fängst du jedoch langsam mit fünf oder zehn Minuten an und steigerst dich dann Schritt für Schritt, wird dich dein Ziel nicht überfordern. So hast du die Möglichkeit, die Gewohnheit langfristig zu integrieren.

■ Routine

Du musst deine neue Gewohnheit regelmäßig ausüben. Andernfalls kann dein Verhalten nicht zur Gewohnheit werden. Plane dabei auf jeden Fall Situationen ein, in denen die Routine nicht möglich ist. Dadurch kannst du deine Routine schneller wieder verlieren, als dir lieb ist. Wenn du beispielsweise an bestimmten Tagen zum Sport gehen möchtest, aber länger arbeiten musst oder unerwartet Besuch bekommst, überlege dir, was du tun wirst. Hast du keinen Alternativplan, passiert dir das ein- bis zweimal, und du resignierst möglicherweise schon, weil die Regelmäßigkeit bereits wieder weg ist.

Besonders hilfreich sind dafür Wenn-Dann-Überlegungen. Zum Beispiel: Wenn unerwartet Besuch kommt, gehe ich nicht zum Sport, aber mache einen Spaziergang mit meinem Besuch. So halte ich meine Bewegungsgewohnheit aufrecht.

Wenn ich länger arbeiten muss, mache ich kein volles Trainingsprogramm, sondern arbeite 20 Minuten auf dem Stepper oder Crosstrainer. Wenn ich krank bin, unternehme ich einen einfachen Spaziergang an der frischen Luft.

So kannst du zwar nicht deiner geplanten Gewohnheit nachgehen, behältst für dich im möglichen Maße allerdings eine Routine aufrecht. Und vor allem: Du bist auf Eventualitäten vorbereitet.

■ Erfolg oder Belohnung

Der Erfolg deiner Handlung ist häufig bereits eine große Motivation, das Verhalten erneut auszuführen. Allerdings musst du bedenken, dass er sich manchmal erst zeitversetzt einstellt. Wenn du jahrelang keinen Sport getrieben hast und jetzt wieder damit anfängst, wirst du am Anfang einfach nur kaputt sein. Nach wenigen Malen wirst du aber feststellen, dass es dir danach besser geht und es dich weniger anstrengt.

Ähnlich ist es, wenn du mit dem Rauchen aufhörst. Am Anfang wirst du einfach nervös sein und dich unwohl fühlen. Aber je weiter du es durchziehst, umso mehr wirst du wahrnehmen, wie dein Körper gesünder, kräftiger und ausdauernder wird.

Schaffst du es partout nicht, einen Erfolg in deinem Verhalten zu erkennen, dann kannst du alternativ auch mit Belohnungen arbeiten. Wenn du fünfmal beim Sport warst, kannst du dir eine Massage, einen Saunabesuch oder ein entspannendes Bad gönnen. Nimm dir dann auf jeden Fall die Zeit, dich zu belohnen, sonst wird sich deine Gewohnheit von dir verabschieden, bevor sie richtig da war.

Ganz wichtig ist, dass du das Belohnungsverhalten nicht überstrapazierst, variierst und die zeitlichen Abstände für eine Belohnung im Laufe der Zeit vergrößerst. Sonst wird die Belohnung irgendwann selbst zur Routine. Es fehlt das Besondere der Belohnung, weshalb es irgendwann schlicht nicht mehr funktioniert.

Bitte nicht
füttern!!

Um eine Gewohnheit in deinen Alltag zu etablieren, solltest du dich auf diese 3 Faktoren konzentrieren:

1. *Motivation oder Lust: Das was du tust, sollte dir Spaß machen. Fange im Zweifel mit kleinen Schritten an.*
2. *Routine: Du musst eine Gewohnheit regelmäßig ausüben. Ansonsten wird dein Verhalten nicht zur Gewohnheit. Überlege dir „Wenn-Dann-Situationen" und passende Alternativen.*
3. *Erfolg oder Belohnung: Erfolg ist in der Regel der größte Motivator, die Handlung erneut durchzuführen. Wenn du selber keinen Erfolg erkennst, belohne dich und setze dir mit Belohnung Anreize zur Wiederholung.*

Wie du dir negative Gewohnheiten abgewöhnst

Bei den negativen Gewohnheiten ist es etwas komplizierter. Wenn du plötzlich versuchst, etwas komplett anders zu machen, als es sich in deine neuronalen Windungen eingebrannt hat, dann ist das unangenehm und ungewohnt. Du hast zwei Möglichkeiten, damit umzugehen:

- **Du unterdrückst das Verhalten**

  Das hat zur Folge, dass dein Gehirn in bestimmten Situationen quasi auf Daueralarm geschaltet ist. Es schreit „Hallo, Hilfe! Hier läuft etwas verkehrt!" – und du musst jedes Mal, wenn du in einer solchen Situation bist, antworten: „Hallo Gehirn, alles in Ordnung. Das ist so geplant!"

  Dieser Vorgang ist ermüdend und anstrengend. Und wenn du plötzlich in eine Situation kommst, in der du nicht mehr in der Lage bist, dein

Gehirn in Schach zu halten, fällst du in dein altes Verhalten zurück. In dieser Hinsicht solltest du Gewohnheiten als kleine Süchte betrachten. Sie funktionieren ähnlich, denn gewisse Reize versuchen, ein automatisches Programm auszulösen, das du aktiv verhindern musst. Dieser Weg ist undankbar, schwierig und in vielen Fällen unnötig.

■ Du ersetzt das alte Verhalten durch ein Neues

Das ist der richtige Weg, wenn du es dir einfacher machen möchtest. Die Reize, die deine alte Gewohnheit ausgelöst haben, werden im Regelfall nicht verschwinden. Das bedeutet, dass du deinem Gehirn beibringen musst, diesen Reiz anders zu interpretieren. Du programmierst dein Gehirn also um.

Deshalb solltest du dir bei negativen Verhaltensweisen, die du pflegst, überlegen, was du stattdessen tun könntest. Hier sind ein paar Beispiele:

- Du möchtest mit dem Rauchen aufhören? Dann iss etwas Obst, wenn du den Drang dazu verspürst, oder jogge eine Runde um den Block.
- Du willst morgens keinen Kaffee mehr trinken? Dann koche dir stattdessen einen Tee.
- Du möchtest, wenn du abends nach Hause kommst, nicht mehr vor dem Fernseher versinken? Dann schnapp dir stattdessen ein Buch und verkrümel dich damit auf die Couch.
- Du möchtest in Streitsituationen nicht mehr laut werden? Dann verlasse die Situation und geh fünf Minuten spazieren.

Je öfter du diese alternativen Verhaltensweisen wiederholst, umso mehr werden sie sich bei dir als Alternative einbrennen – bis du in der Situation gar nicht mehr den Drang verspürst, dein altes Verhalten zu wiederholen. Du hast schließlich eine funktionierende Alternative gefunden.

Die richtige Situation für Verhaltensänderungen finden

Du solltest generell vorsichtig damit sein, dich mit Verhaltensänderungen zu überfordern. Es dauert seine Zeit, bis du alte Verhaltensweisen überwunden und neue Muster integriert hast. Das bedeutet gleichzeitig, dass du dich nicht überfordern darfst. Wenn du dir plötzlich vornimmst, dein ganzes Leben auf links zu krempeln, wird das normalerweise nicht funktionieren. Dein Gehirn wird zu oft Alarm schlagen, du wirst dich zu selten in deinem neuen Konstrukt wohlfühlen, ehe es dir ins Blut übergegangen ist.

Also nimm dir erstmal maximal ein bis zwei Verhaltensmuster vor, die du ändern möchtest, suche dir alternative, bessere Verhaltensmuster – und dann arbeite konsequent an ihnen, bis du sie automatisch ausführst. Das kann Wochen oder auch Monate dauern, bis es wirklich zuverlässig funktioniert und du wenig Aufwand damit hast.

Darüber hinaus gibt es Phasen mit einschneidenden Erlebnissen, die dich sofort stark verändern und dich aus deinem Gewohnheitstrott herausholen können. Das können Ereignisse wie Umzug, Jobwechsel, Urlaub, Schwangerschaft, Geburt, Scheidung oder der Tod von geliebten Menschen sein. In diesen Phasen fällt es dir leichter, aus dem Automatismus auszubrechen und plötzlich dein Gewohnheitsbild zu verändern.

Im Privatleben den richtigen Ausgleich finden

Zwar kümmern sich mehr und mehr Arbeitgeber:innen mit verschiedenen Maßnahmen um den Gesundheitszustand ihrer Angestellten. Allerdings ist es noch lange nicht die Regel, dass du die Möglichkeit hast, einen Ausgleich am Arbeitsplatz zu finden. Deshalb musst du dir gerade im privaten Umfeld genau den Ausgleich schaffen, der es dir möglich macht, körperlich und geistig gesund, fit und ausgeglichen zu bleiben.

Dafür gibt es zahlreiche Möglichkeiten. Sinnvolle Beispiele dafür wären z.B.

- **Soziale Kontakte**

  Egal, ob Partner, Familie oder Freunde: Nichts gibt dir einen derart starken Rückhalt wie ein gutes soziales Umfeld, das dich auffängt, wenn es dir schlecht geht oder mit dir gemeinsame Aktivitäten pflegt. Gerade wenn wir uns im Hinblick auf unsere Gewohnheiten selbst sozialem Druck aussetzen oder sie mit anderen gemeinsam umsetzen, kann das einen enormen Motivationsschub mit sich bringen.

- **Sport**

  Sport ist in jeder Hinsicht vor allem für den Körper, aber auch den Geist gesund. Du kannst gesundheitlichen Problemen wie Rückenproblemen, Übergewicht, Abgeschlagenheit und anderen negativen Faktoren mit dem richtigen Training problemlos entgegenwirken. Gleichzeitig steigt dein Selbstbewusstsein und du beugst psychischen Erkrankungen wie Depressionen vor.

- **Yoga, Lesen, autogenes Training**

  Damit schaffst du einen echten Ausgleich zu deinem Alltag und kannst innere Ruhe zurückgewinnen. So baust du Stress ab und wirst ausgeglichener.

- **Künstlerische und kreative Aktivitäten**

  Gerade wenn du das Gefühl hast, im Büroalltag zu versinken, kann es dir helfen, deine Kreativität privat auszuleben. Es ist völlig egal, ob du singst, ein Instrument spielst, malst oder Texte schreibst: Du kannst so eine Seite von dir ausleben, die du in deinem Berufsalltag möglicherweise gar nicht einbringen kannst.

Das sind natürlich nur Beispiele und diese Liste lässt sich fast endlos fortschreiben. Erlaubt ist alles, was dir guttut und dir nicht langfristig schadet.

Auf der anderen Seite stehen Aktivitäten, die keinen wirklichen Stressabbau herbeiführen, die verdrängen statt zu bewältigen und deinem Körper möglicherweise sogar gravierend schaden. Gemeint sind Aktivitäten wie vermehrtes Fernsehen, Rauchen, ständiges fast willkürliches Spielen und Surfen auf dem Smartphone oder Computer, vermehrter Alkoholkonsum etc. Denn auch wenn du dich damit im ersten Moment besser fühlst, wird es auf deinen Körper, deinen Geist, deine Gesundheit und deinen Stresspegel eher einen negativen Einfluss haben. Deshalb solltest du dich darauf fokussieren, dein Privatleben mit sinnvollen Gewohnheiten zu füllen, die dir in irgendeiner Weise nutzen. Nicht nur dein persönlicher Erfolg wird es dir danken, sondern auch dein ganz persönliches Glück.

Wie Gewohnheiten und Rituale dich zu Höchstleistungen pushen können

Wie du es schaffst deine beruflichen Abläufe so zu optimieren, dass du maximale Produktivität bei möglichst wenig belastendem Stress erreichst, zeige ich dir in den folgenden beiden Kapiteln zur Priorisierung deiner Abläufe und Strukturierung deines Zeitmanagements. Allerdings will ich dir an dieser Stelle bereits Gewohnheiten und Rituale von erfolgreichen Persönlichkeiten vorstellen. Es ist nahezu egal, auf wen du dich beziehst: Sie alle haben feste Gewohnheiten, Tagesabläufe und Rituale, die sie strikt befolgen, um ihre maximale Leistungsfähigkeit zu erreichen.

Gerade bei Unternehmern und Künstlern sind feste Tagesabläufe sehr häufig zu finden. So beispielsweise sah ein typischer Tagesablauf von Steve Jobs aus:

6:00
Aufstehen und die ersten Arbeiten am Computer erledigen

7:00
Frühstück mit den Kindern

8:00
Weitere Arbeiten am Computer

9:00
Meetings mit verschiedenen Abteilungen von Apple

Mittag
Ende des Arbeitstages, häufig Ausklang im Design Lab von Apple

Abends
Abendessen und Zeit mit der Familie verbringen

Andere bekannte Personen hatten und haben noch weitaus speziellere Eigenheiten. Pablo Picasso schlief beispielsweise bis 11 Uhr, malte dafür jedoch bis in die Nacht hinein. Ludwig van Beethoven zählte genau 60 Kaffeebohnen für seinen morgendlichen Kaffee ab. Der französische Schriftsteller Victor Hugo nahm gerne gegen 11 Uhr ein Eisbad auf dem Dach. Bill Gates baut Stress ab, indem er abends den Abwasch macht und Bücher liest.

Ebenso gibt es Rituale, die dafür sorgen, dass man auf den Punkt Leistung abruft. Solche situativ eingeleiteten Rituale findest du vor allem im Spitzensport relativ häufig. Es werden stets gleiche Verhaltensweisen vor Wettkämpfen aneinandergereiht, sodass die zu erbringende Leistung Bestandteil einer automatisch ablaufenden Handlungskette ist.

Ein Beispiel dafür ist Michael Phelps, ehemaliger Leistungsschwimmer und mit 28 Medaillen bis heute erfolgreichster Olympionike aller Zeiten. Sein Trainer Bob Bowman brachte ihm schon im Kindesalter bei, Rituale in sein Leben zu integrieren und Entspannungstechniken zu entwickeln. Im Teenageralter hielt er Phelps dazu an, sich vor dem Einschlafen ein Videotape des perfekten Rennens vorzustellen. Wenn Bowman im Training später wollte, dass Phelps in Wettkampfgeschwindigkeit schwimmt, rief er ihm zu, dass er das Videotape einlegen soll.

Später spielte Phelps vor wichtigen Rennen stets die gleichen Routinen ab, die ihn durch den Wettkampf trugen.

So brachte sich Phelps durch immer die gleichen Routinen in immer die gleiche Stimmung vor dem Rennen. Die gewohnten Rituale halfen ihm dabei, sich vollständig zu fokussieren und so das Maximum aus sich herauszuholen.

Auf diese Weise liefern Gewohnheiten und Rituale ein Korsett für den Erfolg. In ihnen läuft alles möglichst stark in der Gewohnheit ab, was Ressourcen für die wirklich wichtigen Denk- und Kreativaufgaben freisetzt oder den Körper genau in den Fluss bringt, den er braucht, um auf den Punkt Leistung abrufen zu können.

Wie du dieses Korsett für dich selbst aufbaust und womit du am besten zurechtkommst, musst du für dich herausfinden. Wenn du jedoch feststellst, dass bestimmte Verhaltensweisen dir dabei helfen, mit dir selbst besser im Einklang zu sein und deine Produktivität zu steigern, dann versuche, sie zu einer Gewohnheit zu machen. Bist du Situationen ausgesetzt, in denen du auf den Punkt liefern musst, dann entwickle Rituale dafür, die dich genau in die nötige Stimmung und den Fokus bringen, um deine Höchstleistung zum Zeitpunkt X abliefern zu können.

Es geht nicht darum, wie viel wir geben, sondern darum, wie viel Liebe wir in unsere Taten stecken.

KAPITEL 11

Zeitmanagement und Priorisierung

Das Pareto-Prinzip: Warum richtiges Zeitmanagement für die Effizienz Gold wert ist

Gute Arbeit erfordert Zeit, das ist nichts Neues. Im Rahmen unserer Arbeitszeit können wir immer nur ein bestimmtes Arbeitspensum bewältigen. Wenn wir versuchen, unsere Arbeit schneller auszuführen, um mehr Zeit zur Verfügung zu haben, setzen wir uns vermehrtem Stress aus und machen irgendwann Fehler. Entsprechend bringt uns das für die Effizienz nur zu einem bestimmten Grad einen Fortschritt. Ist das Arbeitspensum dennoch größer als es unsere Arbeitszeit zulässt, fangen viele Unternehmer:innen und Arbeitnehmer:innen an, einfach länger zu arbeiten, in der Hoffnung, dass so ein immer größeres Pensum abgearbeitet werden kann.

Die Yerkes-Dodson-Kurve: Warum mehr Arbeit nicht mehr Produktivität fördert

Ganz davon abgesehen, dass wir unter großen Aufwendungen unsere (Frei-)Zeit und unseren persönlichen Ausgleich opfern und uns enormem Stress aussetzen, bringt es in Sachen Effizienz auch herzlich wenig, die Arbeitszeit einfach beliebig nach oben zu schrauben.

Ein Extrembeispiel in Sachen körperliche Auswirkungen kannst du in Japan finden. Dort arbeiten Menschen aus sozialem Druck heraus, für eine gute Überstundenbezahlung oder einfach weil sie es müssen, häufig 12 bis 16 Stunden am Tag. Das Ergebnis ist, dass es dort den sogenannten Karoshi gibt.

Fällt dir spontan ein anderes Land ein, das ein eigenes Wort für den aus Überarbeitung resultierenden plötzlichen Tod durch Schlaganfall oder Herzinfarkt aufgrund von Stress kennt? Nicht nur das. Es gibt in Japan rund 40 (!) Kliniken, die sich auf Menschen mit Karoshi-Gefährdung spezialisiert haben.

In Sachen Produktivität kannst du ebenfalls davon ausgehen, dass du dich nicht beliebig zu weiterer Leistung pushen kannst. Das Problem: Unserer Denkkapazität sind Grenzen gesetzt. Das zeigt vor allem die sogenannte Yerkes-Dodson-Kurve. Die beiden Wissenschaftler fanden in ihren Arbeiten heraus, dass je nach Aktivierung durch äußere Reize die kognitive Leistungsfähigkeit bis zu einem bestimmten Punkt ansteigt. Auf ihrem Maximum stagniert die Leistungsfähigkeit nicht etwa, sondern fällt sofort rapide wieder ab, wenn darüber hinaus Reize gesetzt werden.

Das bedeutet, dass wir nur einer bestimmten Zeit äußeren Reizen ausgesetzt sein können, ohne dadurch Denkleistung einzubüßen. Hintergrund ist der, dass auch für unser Denken chemische Prozesse erforderlich sind. Diese benötigen einfach ihre Zeit. Wenn eine Zelle zwecks Aktivierung gereizt wird, muss sie erst in ihren Normalzustand zurückkehren, um erneut aktiviert werden zu können. Irgendwann tritt eine Überreizung ein und der Prozess funktioniert erst einmal nicht mehr. Einfach ausgedrückt: Du kannst nicht einfach beliebig viel arbeiten, um beliebig viel zu schaffen, weil dein Kopf irgendwann zumacht. Entsprechend brauchst du Hilfsmittel, die dich dabei unterstützen, deine vorhandene Arbeitszeit möglichst effektiv zu nutzen.

Zeitmanagement und Priorisierung

Die wichtigsten Maßnahmen hierfür sind Zeitmanagement und Priorisierung. Zeitmanagement bedeutet dabei, dass du deine vorhandene Arbeitszeit möglichst so auf die zu erledigenden Aufgaben verteilst, dass du maximale Effizienz erreichst. Priorisierung hingegen bedeutet, dass du deinen Aufgabenbereich danach strukturierst, was sehr wichtig, weniger wichtig oder gar nicht wichtig ist.

Diese beiden Bereiche sind nur schwer getrennt voneinander zu behandeln. Zeitmanagement funktioniert nur, wenn du den wichtigsten Aufgaben die Zeit zukommen lässt, die sie benötigen. Priorisierung andererseits wird notwendig dadurch, dass die Zeit nicht reicht, alle Aufgaben sofort und selbst zu erledigen.

Auch ich musste mich seit jeher mit dem Zeitmanagement beschäftigen. Nicht, dass ich es nicht gern gemacht habe. Ich finde es wichtig, dass ich meine Zeit effektiv nutze. Entsprechend möchte ich das auch so gut wie möglich machen. Gerade wenn wir erfolgreich sein wollen, ist Zeit unser Kapital, in dessen Rahmen wir uns überhaupt verwirklichen können und sie ist endlich.

Nutze das Pareto-Prinzip für dein Zeitmanagement

In Sachen Zeitmanagement ist das Pareto-Prinzip DAS Must-Have, das du dir unbedingt aneignen solltest. Unser natürlicher Standpunkt ist erst einmal der, dass wir mit 20 Prozent Aufwand 20 Prozent Ertrag ernten. Das ist allerdings nicht der Fall.

Der italienische Ökonom und Soziologe Vilfredo Pareto fand heraus, dass zu Beginn des 20. Jahrhunderts in Italien 20 Prozent der Bevölkerung 80 Prozent des Bodens besaßen. Im Jahr 1989 wurde erhoben, dass zu diesem Zeitpunkt 20 Prozent der Weltbevölkerung knapp über 80 Prozent des weltweiten Vermögens besaßen.

Im Laufe der Zeit kristallisierte sich heraus, dass dieses Prinzip nicht nur auf Besitz, sondern auch auf verschiedene Sachverhalte im Hinblick auf Aufwand und Ertrag angewendet werden kann. Das Pareto-Prinzip wurde so zu weitaus mehr als einer einfachen Besitzverteilung. Mittlerweile bezeichnet man es als Prinzip der Ungleichverteilung zwischen Ursache und Wirkung, Aufwand und Ertrag, Anstrengung und Ergebnis.

Beispiele für die statistische Ungleichverteilung

Im Folgenden ein paar Beispiele, auf die Pareto zutreffen kann (!). Wichtig: Es funktioniert häufig, aber auch nicht ausnahmslos in jedem individuellen Fall. Deshalb reflektiere bei jedem Beispiel, ob es tatsächlich auch auf dich zutrifft und sieh es eher als Liste mit möglichen Ansatzpunkten.

- 20 Prozent der Produkte eines Unternehmens sorgen für 80 Prozent des Umsatzes.
- 20 Prozent der Kunden eines Unternehmens sorgen für 80 Prozent des Umsatzes.
- 20 Prozent der Mitarbeiter in einem Unternehmen sind für 80 Prozent der Krankheitstage verantwortlich.
- Mit 20 Prozent unserer Kontakte verbringen wir 80 Prozent unserer sozialen Aktivität.
- Mit 20 Prozent der eingespeicherten Telefonkontakte führen wir 80 Prozent unserer Telefonate.
- 20 Prozent des Teppichs leiden unter 80 Prozent des Verschleißes.
- 20 Prozent der Kunden sind für 80 Prozent der Reklamationen verantwortlich.

Wie du siehst, gibt es viele Anwendungsbeispiele für die Pareto-Regel, egal ob beruflich oder privat. Doch wie kannst du das Pareto-Prinzip nun dazu nutzen, dein Zeitmanagement zu optimieren?

Konzentriere dich auf die wichtigen Bestandteile

Wenn du vor einem Projekt stehst, es aber in der vorhandenen Zeit nicht zu 100 Prozent umsetzen kannst, brauchst du eine effiziente Herangehensweise. Wie in Kapitel 7 angeschnitten besagt die Pareto-Regel, dass du mit 20 Prozent der Arbeit für das Projekt häufig bereits 80 Prozent des gewünschten Ergebnisses erreichen kannst. Deshalb mache dir zu diesem Projekt eine Liste. Welche Aufgaben müssen erledigt werden, um es komplett nach deinen Vorstellungen umzusetzen? Und nun streichst du auf der Liste alles, was nicht benötigt wird, um viel zu erreichen.

Mache dir keine Sorgen, dass du dabei zu streng vorgehst, wenn dir schlicht die Zeit für alles fehlt. Bedenke: Wenn 20 Prozent der Arbeit 80 Prozent des Ergebnisses ausmachen, dann machen 80 Prozent der Arbeit 20 Prozent des Ergebnisses aus. Sprich: Sie sind nicht sonderlich effizient und kosten dich mehr Zeit, als sie dir an Nutzen einbringen. Konzentriere dich einfach nur auf die wesentlichen Kernaufgaben und du wirst in einer guten Zeit bereits brauchbare, wenn auch nicht perfekte Ergebnisse erreichen.

> *Die Pareto-Regel besagt, dass 20 Prozent der Arbeit häufig bereits 80 Prozent des Ergebnisses ausmachen. Somit machen 80 Prozent der Arbeit „nur" 20 Prozent des Ergebnisses aus. Sie sind also nicht sonderlich effizient und kosten dich mehr Zeit, als sie dir an Nutzen bringen.*

Wenn du dieses Prinzip verinnerlichst, wirst du lernen, deine Zeit den wichtigen Dingen zu widmen statt dich in den Details zu verlieren. So kannst du effizienter an Projekten arbeiten und musst dich – zumindest nicht selbst – bis zur endgültigen Perfektion mit ihnen beschäftigen.

Auf welche Weise kann ich das Pareto-Prinzip noch für mich nutzen?

Das Pareto-Prinzip musst du nicht ausschließlich für dein Zeitmanagement nutzen. Es kann dir auch enorm dabei helfen, Ursachenforschung zu den unterschiedlichsten Sachverhalten zu betreiben.

Ich habe dir oben einige Beispiele genannt, auf welche Bereiche die Pareto-Regel übertragen werden kann. Ich möchte jetzt gerne zwei dieser Beispiele noch einmal aufgreifen, um dir zu zeigen, wie du diese für dich nutzen kannst.

20 Prozent der Kunden sorgen für 80 Prozent des Umsatzes

Hat dein Unternehmen ganz besondere Kunden in seinem Stamm, die viel Umsatz generieren? Dann ist es zunächst wichtig, dass du dich vor allem auch um diese Kunden in besonderem Maße kümmerst. Die übrigen 80 Prozent der Kunden mögen ebenfalls nett, zahlungskräftig und wichtig für die Unternehmensstruktur sein, aber deine großen Kunden sind es, die dir am Monatsende das Essen auf den Tisch bringen.

Bitte versteh mich nicht falsch: Du sollst jetzt nicht dahergehen und jeden vor den Kopf stoßen, der nicht zu den 20 Prozent der Premiumkunden gehört. Aber du musst schon wirtschaftlich denken und alles in deiner Macht stehende tun, die größeren Kunden zu halten und zu fördern. Davon ist dein Unternehmen abhängig. Andererseits gibt es tatsächlich Firmen, die regelmäßig ihren Kundenstamm durchforsten und die Kundenbeziehung mit denjenigen beenden, die kaum Umsatz einbringen. So schaffen sie größere Kapazitäten für die Betreuung der Kunden, die wirklichen Umsatz generieren.

Weiterhin kannst du für dich natürlich auch einen Marketingansatz entwickeln. Was genau ist denn bei den 20 Prozent großen Kunden so anders als bei den 80 Prozent kleineren Kunden? Und hast du eventuell die Möglichkeit, Reize zu setzen, dass mehr von den Kleinkunden in die Großkundenriege aufrücken?

20 Prozent der Kunden sorgen für 80 Prozent der Reklamationen

Auch durch diesen Sachverhalt bieten sich dir einige Möglichkeiten. Einerseits stellt sich die Frage, ob die bei dir eingehenden Reklamationen in der Sache berechtigt sind. Wenn deine Produkte oder deine Dienstleistungen fehlerhaft sind, bedenke, was das langfristig für dich bedeutet. Nicht jeder Kunde beschwert sich direkt über eine nicht optimal ausgeführte Leistung. Aber wenn der Kunde noch einmal etwas braucht, kommt er nicht wieder zu dir, wenn er irgendwie unterschwellig oder ganz offenkundig unzufrieden war. Entsprechend nutze die Reklamationen, die bei dir ankommen, um herauszufinden, wie du besser werden kannst. So kannst du nicht nur deine Reklamationsquote generell verringern, sondern auch langfristigere Kundenbeziehungen generieren.

Andererseits sind Reklamationen in einem Unternehmen immer auch ein Kostenfaktor. Du verschwendest Arbeitszeit und Geld in einen Prozess, der dir keinen Umsatz bringt. Entsprechend solltest du auf der anderen Seite genauso ausloten, ob du die Möglichkeit hast, dich in irgendeiner Weise von übermäßig reklamierenden Kunden zu trennen, wenn sie eher marginal begründet sind. So sparst du Zeit und Geld in der Nachbearbeitung, was deinen effektiven Gewinn steigern kann.

Probleme und Gefahren bei der Umsetzung

Allerdings darfst du das Pareto-Prinzip nicht einfach blind ohne Sinn und Verstand umsetzen, sonst wirst du es schnell fehlinterpretieren und Fehler machen. Beispielsweise nutzen einige Leute das Prinzip als Ausrede, um sich zurückzulehnen. Wenn man in 20 Prozent der Zeit bereits 80 Prozent des Ergebnisses erreicht hat, kann man sich schließlich entspannen. Nein, das kannst du nicht! Das Prinzip soll dazu beitragen, dass du deine Zeit so produktiv wie möglich einsetzt. Nimmst du es als Anlass, dich zurückzulehnen, widerspricht sich das selbst, oder?

Außerdem haben einige Leute den Eindruck, dass man das Pareto-Prinzip toll in einem Kuchendiagramm umsetzen könnte, weil sich 20 und 80 Prozent genau zu 100 Prozent aufaddieren lassen. Das ist aber falsch. Wenn wir 20 Prozent Aufwand und 80 Prozent Ertrag haben, verbleiben immer noch 80 Prozent Aufwand und 20 Prozent Ertrag. Das bedeutet, wir benötigen immer zwei Kuchendiagramme, um Pareto vollständig darzustellen. Die beiden Größen sind eigenständig zu behandeln.

Das bedeutet auf der anderen Seite auch, dass man nicht automatisch aufhören kann, wenn man 80 Prozent des Ergebnisses hat. Natürlich gibt es Situationen, in denen es sich nicht vermeiden lässt, das Projekt im optimalen Aufwand-Ertrag-Verhältnis zu bearbeiten. Aber nicht zwangsläufig sind die letzten 20 Prozent Ertrag etwas, auf das man immer verzichten kann. Diese können ebenfalls ein enorm wichtiger Bestandteil des Projekts sein, selbst wenn sie im Verhältnis deutlich mehr Zeit erfordern.

Stell dir einmal vor, dass du deine Steuererklärung nur zu 80 Prozent ausfüllen würdest, weil das die Sachen sind, die du am schnellsten zusammensuchen kannst. Hältst du es für eine gute Idee, die restlichen 20 Prozent nicht auszufüllen, nur weil sie dir mehr Arbeit bereiten?

Das heißt für dich: Priorisiere und organisiere deinen zeitlichen Ablauf gerne so, dass du mit wenig Aufwand möglichst viel Ertrag erzielst. Aber hinterfrage stets, ob die letzten 20 Prozent des Ergebnisses wirklich komplett verzichtbar sind und du ihnen keine Aufmerksamkeit mehr widmen musst.

Außerdem gilt, dass die Zahlen 80 und 20 nicht in Stein gemeißelt sind. Die reichsten 20 Prozent der Weltbevölkerung haben mittlerweile deutlich mehr als 80 Prozent des Weltvermögens. Nichtsdestotrotz bleibt die Grundaussage des Pareto-Prinzips gleich. Es weist auf die Ungleichverteilung von Aufwand und Ertrag hin. Genau aus diesem Grund solltest du Pareto für dich als Ansatz erkennen, mit dem du dieses Ungleichgewicht in den unterschiedlichsten Bereichen potenziell erkennen und für dich nutzen kannst. Sieh diese Ungleichheit dabei stets in dem Kontext, wie du deine Effizienz damit verbessern und wie du unwichtige Zeitfresser an die Seite schieben kannst.

Die Eisenhower-Matrix: Sortiere deine Aufgaben nach ihrer Relevanz

Mit dem Pareto-Prinzip habe ich dir gezeigt, wie du effizienter arbeiten kannst. Dabei gibt es aber ein Problem. Nicht automatisch sind die 20 Prozent des Aufwands, die den Großteil des Nutzens bringen, diejenigen, die auch die größte Relevanz für deinen Erfolg haben.

In meiner Studienzeit hätte das ungefähr so aussehen können: Ich hätte 20 Prozent der Zeit mit dem Pokern verbracht, was meinen damaligen Lebensunterhalt gewährleistet hat. Aber wäre ich auch nur einen Millimeter weitergekommen, wenn ich die 80 Prozent der Zeit, die ich für mein Studium genutzt hätte, dafür vernachlässigt hätte? Eher nicht, ich wäre stagniert oder im Laufe der Zeit sogar zurückgefallen.

Deshalb kann die reine Unterteilung der Aufgaben nach ihrer Effizienz im Resultat nicht automatisch dazu führen, dass du Erfolg hast. Du musst deine Aufgaben genauso nach ihrer Wichtigkeit sortieren und diese damit in deinen Fokus rücken.

Wie ist die Eisenhower-Matrix aufgebaut?

Der frühere US-Präsident Dwight David Eisenhower hat eine einfache Unterteilung gefunden, wie er seine Aufgaben priorisiert hat. Er unterschied die Aufgaben auf seiner To-Do-Liste dabei einerseits nach Wichtigkeit, andererseits nach Dringlichkeit. So lassen sich vier verschiedene Aufgabentypen herausarbeiten:

Die Eisenhower-Matrix

Genau nach diesem Muster stufte er alle seine Aufgaben ein. Und jeden dieser Aufgabentypen hat er dann immer auf die gleiche Weise bearbeitet.

Wichtig und dringend

Hierbei handelt es sich um die Aufgaben, die für dich im ersten Augenblick absolute Relevanz haben. Um diese musst du dich sofort kümmern, und vor allem musst du dich selbst um sie kümmern. Sie entscheiden über Erfolg und Misserfolg deines Unternehmens. Einfach gesprochen: Lässt du diese Aufgaben liegen oder kümmerst dich nicht möglichst gut darum, fährst du beruflich an die Wand.

Eine wichtige Kundenpräsentation muss für einen anstehenden Termin noch vorbereitet werden? Wie du deine in Kürze ausgehende Lieferung zum Kunden bekommst, weißt du noch nicht? Bei einem wichtigen Großauftrag gibt es Beschaffungs- oder Herstellungsprobleme? Dann kümmere dich darum, bevor du nicht mehr genug Zeit hast, das elementare Problem zu lösen.

Beispiele: Unternehmens- oder Abteilungskrisen, umsatz- und existenzbedrohende Innen- und Außenfaktoren, Deadlines.

Wichtig, aber nicht dringend

Das sind ebenfalls Aufgaben des Typs, um die du dich auf jeden Fall selbst und mit großer Aufmerksamkeit widmen solltest. Sie unterscheiden sich nur dadurch von den wichtigen und dringenden Aufgaben, dass du für sie mehr Zeit beziehungsweise Vorlauf zur Verfügung hast.

Entsprechend können diese Aufgaben vorerst liegen bleiben, aber auf keinen Fall dürfen sie aus deinem Fokus und von deiner Prioritätenliste verschwinden. Deshalb setze dir einen festen Termin, wann du dich der Aufgabe widmest. So gerät sie nicht in Vergessenheit und du kümmerst dich rechtzeitig darum.

Beispiele: Projektplanung, Prozessoptimierung, Umstrukturierungsmaßnahmen, das Erschließen neuer Absatzwege, das Aufgreifen von Trends in deinem Produkt- oder Dienstleistungsbereich.

Unwichtig, aber dringend

Die Aufgaben dieser Gruppe sollten immer den Nachrang vor den wichtigen Aufgaben beider Arten haben. Wenn du also noch wichtige Aufgaben zu bewältigen hast, dann delegiere die hier beschriebenen unwichtigen Aufgaben an andere Leute. Sie sind für deinen Geschäftserfolg nicht entscheidend. Konzentriere dich auf das, was deinen wirtschaftlichen Erfolg bestimmt.

Theoretisch kannst du dich auch selbst um die unwichtigen Aufgaben kümmern. Das solltest du allerdings erst dann tun, wenn du gar keine wichtigen Aufgaben derzeit hast. Und wenn das so ist, solltest du dich auch ernsthaft fragen, warum du aktuell keine wichtigen Aufgaben hast.

Beispiele: Anrufe und Mails, Meetings, Unterbrechungen durch andere Mitarbeiter:innen.

Unwichtig und nicht dringend

Aufgaben, die nicht wichtig und nicht dringend sind, sind reine Ressourcenfresser. Es sind Aufgaben, die niemand in deinem Unternehmen machen sollte. Vergiss diese Aufgaben, sie haben überhaupt keine Relevanz für dein Unternehmen.

Teile deine aktuelle To-Do-Liste in diese 4 verschiedenen Aufgabentypen:

- *Wichtig und dringend*
- *Wichtig, aber nicht dringend*
- *Unwichtig, aber dringend*
- *Unwichtig und nicht dringend*

Du wirst, wenn du bisher nicht priorisiert hast, überrascht sein, um wie viele Aufgaben man sich gar nicht kümmern sollte. Das verschafft dir Kapazitäten und einen Fokus auf die Dinge, die wirklich wichtig sind. Das steigert automatisch deine Effizienz und damit deinen Erfolg.

Unternehmensprozesse mit den nicht dringenden wichtigen Aufgaben optimieren

Es birgt allerdings auch eine gewisse Gefahr für dich, wenn du ab sofort nur noch im ersten Aufgabenbereich arbeitest und alles andere vernachlässigst. Langfristig hast du die Möglichkeit, deine Unternehmensprozesse über die Aufgaben im zweiten Feld (wichtig, aber nicht dringlich) zu optimieren.

Bedenke: Plötzliche Krisen, Deadline-Probleme etc. haben häufig Ursachen, die in der Vergangenheit liegen. Wenn dir beispielsweise droht, eine Deadline zu verpassen, frage dich, wie konnte es dazu kommen? Wurde sich nicht rechtzeitig um die Bearbeitung des Projekts gekümmert? Wurde die Bearbeitung so knapp geplant, dass du jetzt Zeitprobleme bekommst?

Ebenso kommen auch Krisen nicht einfach aus dem Nichts. Möglicherweise wurde in deinem Unternehmen zu viel Geld für Unwichtiges ausgegeben oder Personal in Bereichen angestellt, in denen es nicht benötigt wird? Wenn ein Mitbewerber plötzlich ein revolutionäres Produkt auf den Markt bringt, hast du dann nicht rechtzeitig auf die Zeichen der Zeit geachtet?

All das sind Faktoren, die du wahrscheinlicher in den Griff bekommst, wenn sie dir frühzeitig auffallen. Das bedeutet, dass du besser und zielorientierter koordinierst, je früher du dich mit einer wichtigen Aufgabe auseinandersetzt. Und das wiederum führt zu weniger dringlichen Problemen, da du frühzeitig gegensteuern kannst. Entsprechend wird dein erster Aufgabenbereich mit wichtigen, dringlichen Aufgaben im Laufe der Zeit kleiner und du hast mehr Zeit, dich mit den Aufgaben des zweiten Bereiches auseinanderzusetzen. Du entspannst also automatisch deinen Arbeitsalltag.

Daher muss es dein Ziel sein, so viel wie möglich in diesem Bereich zu erreichen. Genau darin liegt der Schlüssel für dich, dein Zeitmanagement und deine Prioritäten bestmöglich zu koordinieren.

Setze dich frühzeitig mit wichtigen Aufgaben auseinander. Nur so wird dein erster Aufgabenbereich mit wichtigen, dringenden Aufgaben im Laufe der Zeit kleiner. Du hast nun mehr Zeit, dich mit den Aufgaben des zweiten Bereichs (wichtig, aber nicht dringend) auseinanderzusetzen. So koordinierst du dein Zeitmanagement und deine Prioritäten bestmöglich und dein Alltag wird entspannter.

Wie schaffe ich den Übergang von den wichtigen dringenden Aufgaben zur nächsten Stufe?

Natürlich hast du nicht die Möglichkeit, einfach von den dringenden und wichtigen Aufgaben wegzugehen. Aber in nahezu jedem Unternehmen gibt es Spitzen, in denen die Aufgaben sich häufen, und Zeiten, in denen es etwas entspannter zugeht.

Gerade wenn du nun merkst, dass du viele akute Probleme gelöst hast, solltest du dich nicht zurücklehnen und auf den nächsten Ansturm warten. Genau dann ist es Zeit für dich, die wichtigen, aber nicht dringlichen Aufgaben anzugehen. So kannst du dir Zeit verschaffen, da so die nicht dringlichen Angelegenheiten weniger Gefahr laufen, akute Handlungskrisen zu produzieren.

Natürlich handelt es sich hierbei um einen Prozess, der dir nicht von heute auf morgen absolute Erleichterung verschaffen wird. Aber du wirst merken, dass sich dein gesamter Arbeitsbereich im Laufe der Zeit mehr und mehr entspannt. Das bedeutet für dich, dass du weniger Stress ausgesetzt bist, Probleme lösen kannst, bevor sie auftreten, und generell deine Produktivität steigerst. Schließlich schaffst du dir im Optimalfall neue Handlungskapazitäten.

Die größten Zeitfresser am Arbeitsplatz

Abschließend möchte ich dir einige der größten Zeitfresser am Arbeitsplatz vorstellen. Diese kosten dich Zeit, schränken deine Produktivität ein und verhindern, dass du effizient arbeiten kannst. Dazu gehören unter anderem die folgenden Aktivitäten:

E-Mails

Nichts ist schädlicher für deine Produktivität als ständig eingehende Mails zu bearbeiten. Selbst wenn der Inhalt wichtig ist, so ist es selten der Fall, dass das Haus abbrennt, wenn du eine Mail nicht sofort liest. Tust du das dennoch, wirst du häufig aus deiner aktuellen Tätigkeit herausgerissen. Kennst du das Gefühl, bei einer Aufgabe im Flow zu sein? Du führst die notwendigen Aufgabenschritte wie selbstverständlich aus und arbeitest konsequent ab. Oder du denkst dich in ein Problem hinein und dir fallen immer neue Strukturen und Möglichkeiten ein, mit diesem Problem umzugehen.

Genau aus diesem Fluss reißt du dich förmlich heraus, wenn du sofort darauf reagierst, sobald eine neue E-Mail da ist. Kehrst du zu deiner Aufgabe zurück, musst du erst wieder in den Fluss kommen, dich neu eindenken. Das kostet dich Zeit – im Extremfall sogar sehr viel Zeit.

In meinem Postfach landen täglich dutzende Mails. Gleichzeitig benötige ich aber auch für viele meiner To-Dos mein E-Mail-Postfach. Insofern ist es

Tanze, als würde niemand zusehen. Liebe, als wurdest du niemals verletzt. Singe, als würde niemand zuhören. Lebe, als wäre der Himmel auf Erden.

(Mark Twain)

unmöglich, nicht ständig in das Postfach zu schauen. Ich habe viel ausprobiert und kann unter anderem das Tool www.sanebox.com empfehlen, um das E-Mail-Chaos zu beherrschen. Hier 3 Tipps, wie ich aktuell vorgehe (ich arbeite mit Outlook):

1. Ich habe folgende Unterordner: „Posteingang", „Archiv", „morgen", „nächste Woche" und „nächster Monat". In Archiv / nächste Woche / nächster Monat verschiebe ich die Mails, die entweder bearbeitet sind (Archiv) oder erst in der Zukunft zu bearbeiten sind.

2. Die Magie ist der Ordner „morgen". Ich habe eine Outlook-Regel definiert, die JEDE Mail, die ich empfange, in diesen Ordner verschiebt UND als gelesen markiert. Jeden Morgen schiebe ich dann alle Mails von „morgen" in „Posteingang". Diesen Posteingang arbeite ich dann ab. So stelle ich sicher, dass ich i.d.R. auf alle Mails innerhalb von 24 Stunden antworte, aber nicht alle paar Minuten von einer neuen Mail unterbrochen werde. (Die wenigsten Mails sind so wichtig, dass sie einer Beantwortung von weniger als 24 Stunden wirklich erfordern.)

3. Ich brauche einen freien Kopf zum Arbeiten. Daher bearbeite ich jeden Morgen als Erstes mein Mailpostfach. Jede Mail, die weniger als fünf Minuten Arbeit bedeutet, bearbeite ich sofort, wenn ich sie lese, sodass sich gar nicht erst ein großer Berg an E-Mails aufbauen kann. Der „Posteingang" ist dann auch mein Arbeitsordner für den Tag, der idealerweise abends leer ist. Dann kann ich auch mit einem guten Gewissen Feierabend machen.

Meetings

Im Jahr 2009 kam der US-amerikanische Personaldienstleister Robert Half aufgrund einer Befragung zu dem Schluss, dass knapp ein Drittel aller Meetings überflüssig ist. Trotzdem kennen wir alle den Ablauf von Meetings: Sie kosten Zeit, meist mehr, als wir dafür einplanen und bestimmt jeder hat schon einmal in einem Meeting gesessen und sich gedacht „Ich habe Besseres zu tun“ oder „Kann ich nicht einfach mein Arbeitspensum durchziehen?“

Genau aus diesem Grund ist es wichtig, so wenige Meetings wie möglich abzuhalten, diese dafür dann aber wesentlich effizienter zu gestalten. Einige Unternehmen setzen auf eine effektive Vor- und Nachbereitung von Meetings, andere halten Meetings im Stehen ab, damit sie nicht künstlich in die Länge gezogen werden.

Multitasking

Einer italienischen Studie zufolge gehört Multitasking ebenfalls zu den zeitlichen Problemen, die wir uns schaffen. Im Jahr 2010 belegten Forscher dort, dass Richter:innen deutlich schneller arbeiteten, wenn sie einen Fall nach dem anderen konsequent abarbeiteten, statt mehrere Fälle gleichzeitig auf dem Tisch liegen zu haben. Im Schnitt sparten sie pro Fall sechs Tage Zeit.

Genau das solltest du auch für dich nutzen. Hast du eine Aufgabe auf dem Tisch und dich dafür entschieden, diese jetzt zu bearbeiten, dann ziehe sie so konsequent wie möglich durch. Lass dich nicht von äußeren Faktoren von dieser Aufgabe ablenken, sondern bleibe am Ball, bis du sie erledigt hast. So schaffst du es, ein Problem nach dem anderen zu bewältigen und bist dabei schneller. Das sollte eigentlich auch nicht verwundern, da jeder Neubeginn einer Aufgabe ein neues Eindenken erfordert. Ziehst du die Aufgabe in einem Stück durch, musst du das genau einmal machen. Arbeitest du mehrere Aufgaben in mehreren Schritten ab, musst du dich um ein Vielfaches neu einfinden.

Vorschlag: Leg doch einfach mal testweise für einen halben Tag das Handy weg und fokussier dich voll auf eine Tätigkeit. Egal was du machst, ob du arbeitest, lernst, deine Wohnung aufräumst, deinen Urlaub planst - du wirst wahrscheinlich verblüfft sein, wie viel produktiver du doch bist.

Der Faktor „Ich"

Nicht immer sind es nur äußere Einflüsse, die unsere Produktivität schmälern. Häufig fällt es auch in unseren eigenen Verantwortungsbereich, wenn wir Ziele nicht so schnell umsetzen können wie wir das gerne möchten.

Deshalb hinterfrage auch dich selbst:

- Wie häufig schaust du in deiner Arbeitszeit auf das Handy, um zu sehen, ob du Nachrichten bekommen hast?
- Wie oft führst du privaten Tratsch mit den Kollegen?
- Wie häufig aktualisierst du deinen Facebook-Status oder deine privaten Mails?
- Wie häufig unterbrichst du deine Arbeit durch unnötige Pausen?

Praktische Tipps zum Einstieg in die Priorisierung

Natürlich liest es sich ganz schön, davon auszugehen, dass wir einfach alles Unwichtige beiseite schieben, nur noch die wichtigen Aufgaben erledigen und alles andere schon irgendwer anders machen wird. So läuft es in der Praxis natürlich nicht, was gerade den Einstieg in die Priorisierung erschweren kann. Aber versuche doch zunächst einmal, bei den größten Zeitfressern anzusetzen, um einen Fortschritt zu erreichen. Neben dem Verhindern von Multitasking und zu kleinschrittigem Vorgehen können das beispielsweise auch Zeitpläne sein, die dir helfen.

Nimm dir doch beispielsweise vor, deine Mails nur noch zu bestimmten Zeiten zu lesen. Wenn du in Vollzeit arbeitest, bearbeite deine Mails beispielsweise nur noch nach Arbeitsbeginn, kurz vor oder kurz nach der Mittagspause und zum Feierabend hin. So hast du die restliche Zeit übrig, um dich auf die wesentlichen Aufgaben zu fokussieren.

Wenn viele Mitarbeiter:innen mit Anliegen auf dich zukommen, beispielsweise weil du eine Abteilung leitest oder in bestimmten Schnittstellen tätig bist, setze feste Sprechzeiten an, in denen die Mitarbeiter:innen zu dir kommen können. Alle anderen Zeiten werden geblockt. So sammelst du die unwichtigen oder hinderlichen Aufgaben und kannst sie geballt abarbeiten. Sie reißen dich nicht immer wieder von Neuem aus deinem Arbeitsfluss.

Auch wenn ich kein Freund von starren Regeln bin, so haben wir bei Digital Beat und Gründer.de zwei Regeln eingeführt, die genau hier ansetzen:

1. Wir haben den „Beastmode" eingeführt. Dieses Konzept haben wir von unserem Geschäftspartner Calvin Hollywood übernommen. Bei uns wird das so umgesetzt: Bis 13 Uhr arbeitet jeder Mitarbeiter fokussiert an seinen Aufgaben. Es wird nicht geredet, es werden keine Fragen gestellt. Nur in absoluten Ausnahmefällen. Das hört sich zunächst etwas langweilig an, steigert aber die Produktivität dramatisch. Entsprechend gestaltet sich der Nachmittag zum Ausgleich dann etwas lockerer.

2. „Keine Frage ohne Lösungsvorschlag": Jeder, der ein Problem hat, kontaktiert seine Kollegen/Vorgesetzten immer direkt mit einem Lösungsvorschlag. Banales Beispiel: Der Mitarbeiter zum Chef „Unser Drucker verschmiert die Ausdrucke und produziert ständig einen Papierstau. Was können wir da tun?" Das ist eine Frage, über die sich jeder Chef „wahnsinnig freut". Besser wäre doch: „Unser Drucker verschmiert die Ausdrucke und produziert ständig einen Papierstau. Wir brauchen dringend eine Lösung, da wir ständig mit dem Drucker arbeiten. Eine Reparatur würde sich bei dem alten Teil vermutlich nicht lohnen. Ich habe mal bei Amazon nachgeschaut, das Nachfolgemodell würde nur

149 € kosten. Ich würde vorschlagen, dieses zu bestellen."

Im Idealfall kann der Chef jetzt den Lösungsvorschlag einfach abnicken und sich auf wichtigere Aufgaben fokussieren. Gleichzeitig trainiert er damit aber auch die Lösungskompetenz seiner Mitarbeiter:innen. Und wenn das gut läuft, kann er auch die Mitarbeiter anweisen, in einem gewissen Rahmen eigenständiger zu handeln.

Versuche - unabhängig davon - außerdem an weniger Meetings teilzunehmen oder darauf zu drängen, dass Meetings effizienter und gezielter abgehalten werden. So sparst nicht nur du Arbeitszeit, sondern alle anderen Mitarbeiter, die ihre Zeit im Meeting verbracht hätten, ebenfalls. Nichtsdestotrotz: Wenn in einem Meeting nicht gelacht wurde, ist meiner Meinung nach dennoch irgendwie etwas schief gelaufen.

Warum die Priorisierung so wichtig ist

Zunächst lernst du mit der Priorisierung nach Eisenhower, deine Aufgaben danach zu unterscheiden, was sie dir nutzen. Das ist genau dann notwendig, wenn du beruflichen Erfolg haben möchtest, denn Erfolg bedeutet Wachstum, was nicht nur den Umsatz, sondern vor allem auch die damit einhergehenden Aufgaben betrifft.

Schaffst du es nun nicht, die wichtigen Aufgaben konsequent abzuarbeiten, wird der generierte Erfolg dir schnell wieder wegbrechen. Wenn du deine Deadlines nicht einhältst, Probleme wichtiger Kunden nicht löst oder eine zu hohe Kostenstruktur im Unternehmen hast, wirst du über kurz oder lang Gewinn verlieren oder sogar Verlust machen. Das betrifft dich selbst als Arbeitnehmer:in in gleichem Maße, denn wenn dein Unternehmen nicht mehr gewinnorientiert wirtschaften kann, wird es sich dich irgendwann nicht mehr leisten wollen oder leisten können. Erst recht, wenn du mangels Effizienz selbst Teil des Problems sein solltest.

Langfristig entzerrst du deinen gesamten Arbeitsbereich, indem du dazu übergehst, vorausschauend zu handeln. So verhinderst du viele akute Probleme, bevor sie überhaupt entstehen, und sparst dir einige Stressfaktoren von vornherein ein.

Es gibt jedoch auch die andere Seite der Medaille, nämlich die eigene Gesundheit. Sowohl Arbeitnehmer:innen als auch Unternehmer:innen neigen dazu, einem höheren Arbeitsaufkommen mit mehr und längerer Arbeit entgegenzutreten. Zu Beginn des Kapitels habe ich dir anhand der Yerkes-Dodson-Kurve bereits gezeigt, warum das nicht die Ultima Ratio sein kann. Einerseits nimmt die Produktivität an ihrem Scheitelpunkt immer weiter ab, sodass mehr Arbeit irgendwann ineffizienter wird. Andererseits hat zu viel Stress auch gravierende Auswirkungen auf Körper und Geist. Gerade deine geistige Gesundheit solltest du dabei stets im Blick haben. Kennst du Situationen, in denen du vermehrt Stress hast und plötzlich gereizter, abgeschlagener oder unmotivierter als sonst bist oder in denen du nicht mehr richtig schlafen kannst? Genau das können Anzeichen dafür sein, dass du eben zu viel statt priorisiert arbeitest.

Langfristig kannst du noch weitaus schwerere Probleme dadurch bekommen. Nicht umsonst sind psychische Erkrankungen wie Depressionen, Burnouts und Überlastungsreaktionen immer häufiger die Gründe für eine Krankschreibung. Niemandem ist damit geholfen, wenn du dich selbst verheizt. Weder dir noch einem eventuellen Arbeitgeber noch deinen Kunden.

Das eigene Wissen ist der wertvollste Gegenstand, den ein Mensch hat.

(Prof. Dr. Oliver Pott)

KAPITEL 12

Wissen zu Geld

Wie du bereits erfahren hast, war Dr. Oliver Pott früher nicht nur mein Chef und Hochschulprofessor, sondern auch mein persönlicher Mentor. Er besaß die Domain www.gruender.de und setzte damit den Grundstein für meine erste richtig erfolgreiche Unternehmensgründung.

Er begleitete die Anfangsjahre von Gründer.de als strategischer Partner und dritter Gesellschafter. Es ist nicht von der Hand zu weisen, dass Oliver in vielerlei Hinsicht positiven Einfluss auf mein Leben hatte. Umso mehr freue ich mich, dass er sich bereit erklärt hat, in meinem Buch ein Kapitel beizusteuern.

Kapitel 12

So wird aus deinen Kernkompetenzen ein digitales Wissens-Business

Von Prof. Dr. Oliver Pott

Über 200 Jahre gab es ein Gesamtwerk des verfügbaren und für viele Menschen relevanten Wissens: Die Encyclopaedia Britannica, mit zuletzt 32 dicken Bänden, wog über einen Zentner und kostete mehrere 1000€. Heute gibt es viel mehr Wissen auf Wikipedia – kostenlos und schwerelos.

Wissen ist heute ein Rohstoff wie Mehl für den Bäcker: Kostengünstig, beliebig austauschbar und erst in der Veredelung überhaupt von Wert.

Dennoch ist Wissen gleichzeitig der wertvollste Rohstoff unserer Zeit. In der Agrargesellschaft brachte noch Boden den besten Ertrag, in der Industriegesellschaft waren dann Maschinen und Fabriken der Garant des Wohlstandes. Heute bringt Wissen richtig eingesetzt die beste Rendite. Die bestbezahlten Berufsgruppen in Deutschland sind Experten mit Wissen, also Kopfarbeiter: Ärzte, Finanzexperten, Unternehmensberater, Ingenieure sowie Anwälte.

Die wertvollsten Unternehmen weltweit sind ebenso reich geworden, weil sie Informationen handeln: Amazon zum Beispiel verdient sein Geld nicht mit der Produktion eigener Waren, sondern mit der Digitalisierung des Marktplatzes zwischen Händler und Kunden.

Erfolgreiche Konzerne lernen davon und konzentrieren sich heute auf das eigene Wissen: Coca-Cola, ein Akteur der alten industriellen Welt, stärkt heute mehr die Marke und hütet ihren wahren Wissenskern. Denn der Wert von Coca-Cola ist immateriell, reines Wissen also: Die Marke einerseits, das Original-Rezept andererseits. Den Old-Economy-Teil der Wertschöpfung übernehmen Lizenzabfüller, die auf der ganzen Welt die Infrastruktur garantieren - aber die Marge bleibt dennoch überwiegend bei Coca-Cola, weil Wissen nicht auf LKW verladen werden oder in Flaschen abgefüllt werden muss, um Rendite zu bringen.

Tesla ist der wertvollste Autokonzern der Welt – nicht, weil es die besten Autos baut, das können die deutschen Hersteller besser, sondern weil es den Wert der Autopilot-Software und der Digitalsysteme im Firmenvermögen hält und dieser Fortschritt kaum mehr durch die Konkurrenz einzuholen ist. Und der Wert von Facebook und Google, die zu den wertvollsten Unternehmen überhaupt zählen, sind nicht deren Serverfarmen, sondern das Wissen darum, wie Kunden mit genau passenden Werbeanzeigen erreicht werden. Für dieses Wissen zahlen andere Konzerne, auch aus der alten Welt, Milliarden.

Wissens-Business verhindern sogar Kriege

Yuval Noah Harari, Geschichtsprofessor, weist in seinem Bestseller „Eine kurze Geschichte der Menschheit“ darauf hin, dass wissensbasierte Unternehmen sogar Kriege verhindern: Seiner These nach bestand der frühere Reichtum Kaliforniens aus den Goldvorkommen des US-Bundesstaats.

Heute sei insbesondere Kaliforniens Wohlstand rein auf der Basis von Wissen aufgebaut: Einerseits die Silicon-Valley-Business; andererseits die Filmindustrie Hollywoods, beides jedenfalls sei unbestreitbar immaterieller Wert. Harari folgt in seinem Buch einem spannenden Gedankenspiel: »Was würde passieren, wenn zum Beispiel die Chinesen mit einer Million Soldaten an der Küste von San Francisco landen und landeinwärts stürmen würden? Sie würden kaum Beute machen: In Silicon Valley gibt es kein Siliziumvorkommen. Der Wohlstand hat seinen Ursprung in den Köpfen der Softwareingenieure von Google und der Magier von Hollywood, die im Flugzeug nach Bangalore oder Mumbai säßen, schon bevor die ersten chinesischen Panzer den Sunset Boulevard hinunterrollen. Es ist kein Zufall, dass die wenigen Eroberungskriege der letzten Jahre, zum

Beispiel der Einmarsch der Iraker in Kuwait, Regionen betreffen, in denen der Reichtum noch aus altmodischen Rohstoffen besteht.«

Wissen wird immer wertvoller, aber Konzerne wie einzelne Experten müssen die richtigen Entscheidungen treffen in diesem Wandel, um völlig neue Dimensionen ihres Geschäftsmodells zu erreichen. Nicht mehr jeden Kunden selbst bedienen, das eigene Wissen analysieren und die wertvollsten Bestandteile als Essenz teuer verkaufen, die anderer Menschen Probleme löst.

Das sehen auch Experten wie Ärzte, Anwälte und Ingenieure, aber auch Facharbeiter und Experten in nichtakademischen Bereichen. Sogar Sportler und Menschen, die ein Hobby ambitioniert gestalten, verfügen über echtes, wertvolles Expertenwissen. Der Wunsch und die Möglichkeit, dieses zu digitalisieren und zu vermarkten ist dabei heute so leicht zu erfüllen wie nie zuvor.

Denn heute sind diverse Technologien in der Welt leicht verfügbar, die vor zehn Jahren noch mühsam programmiert werden mussten. Eigene Websites und Shops, digitale Kurse und grafische Darstellungen sind heute anwenderfreundlich und haben längst die digitalen Newcomer:innen als Zielgruppe in den Blick genommen. Die Technik hält heute niemanden mehr auf sein eigenes Wissen zu digitalisieren und in den Markt zu bringen. Seltsamerweise ist das dennoch oft die gefühlt größte Hürde, selbst Wissen zu vermarkten.

Darin liegt die Antwort auf die Frage, ob Wissen mit Geld aufgewogen werden kann: Es muss nur gelten, wie Coca-Cola oder Tesla den eigenen Wissenskern herauszuarbeiten, der die höchste Rendite verspricht – der Rest lässt sich auslagern. Wer diese einfache Botschaft erkennt, gewinnt im Spiel um die Digitalisierung guten Boden.

Disruptives Wissen: Chance oder Gefahr?

Die in einem der typischen Anglizismen beschriebene Disruption (Zerstörung) ist ein Lieblingsbegriff der Start-up-Szene. Darin geht es darum, dass Geschäftsmodelle, Firmen oder ganze Märkte von einer Innovation ersetzt oder eben zerstört werden.

Innovationen als Verwandte der Disruption sind eine ganz natürliche Sache, die in fast jeder Firma stattfindet, auf ganz kleiner Ebene wie auf Größerer. Wenn die wöchentlichen Meetings von einer Stunde auf zehn Minuten verkürzt werden, dann ist das eine Innovation. Aber eben eine, die das Unternehmen nur leicht verändert, es eher stärken als zerstören soll. Das könnte man als Innovation oder auch als evolutionäre Veränderung beschreiben. Es ist keine wirkliche Disruption.

Die Entwicklung des Benzinmotors ist dafür ein gutes Beispiel: Hier wurde über Jahrzehnte der Spritverbrauch um Zehntel eines Liters gesenkt, die PS-Zahl pro Liter Hubraum gesteigert und die Abgaswerte verbessert. Aber das geschah immer in kleinen Schritten und auf der ähnlichen technischen Basis. Große Unternehmenstanker und gesetzte Industrien sind fast immer evolutionär geprägt in der technischen Entwicklung, selten zerstörerisch.

Disruption aber ist mehr, es ist eine Zerstörung, meist von außen.

Die Firma Apple gilt gemeinhin als sehr innovativ. Dass die Produkte der Marke dabei oft gar nicht das höchste technologische Level widerspiegeln, sondern eher durch Design und eine gewisse emotionale Aufladung den Status des Must-haves erreichen, ist die eine Sache. Die andere ist, dass die Produkte von Apple auch oft disruptiv waren, für den Markt, für andere Unternehmen und für das Unternehmen selbst. Die Idee der Produkte war oft sehr gut, auch oder gerade weil nur bestehende Technologien clever neu kombiniert wurden. So hat der iPod den Markt der Datenträger wie Schallplatten, CDs und Kassetten annähernd zerstört, weil Musik plötzlich anders transportiert wurde, nur um später vom iPhone selbst komplett aus dem Markt gedrängt zu werden.

Disruption und Innovation sind kontraintuitiv

Disruption wie auch Innovation haben ein weiteres Problem: Sie sind gegenintuitiv, erschließen sich also nicht automatisch.

Hier ein kurzer Test: Schreibe einfach mal zehn Märkte für Produkte auf, die es gibt. Der Wettbewerb ist dafür unwichtig, es kann ruhig einen hohen Konkurrenzkampf geben. Das sollte schnell gehen: Milch, Benzin, Karriere-Coachings, Photoshop-Video-Tutorials ... Wie lange hat das gedauert? Nun schreibe mal zehn Märkte auf, die es eigentlich geben müsste, an die aber noch keiner gedacht hat. Es sollten wohlgemerkt Leute vorhanden sein, die die Produkte dieses Marktes kaufen könnten, es sollte also ein realistischer Markt sein, aber keine Konkurrenten geben.

Wenn es leicht wäre, solche blauen Ozeane zu entdecken, würde es jeder versuchen. Gar nicht so leicht, oder?

Für deine Kunden sind disruptive Innovationen oft schwerer zu verstehen, weil neue Produkte auch für sie gegenintuitiv sind. Man muss die Sache erst erklären, denn niemand hat in dieser Richtung je etwas gekauft. Und dann arbeitest du womöglich an der Akzeptanz dieses Produktes. Wenn man hier nach Beispielen sucht, muss man sich disziplinieren, immer marktfähige Produkte zu finden. Denn genau das ist ja die große Unbekannte in diesem Spiel, ob diese tollen Dinge jemand kaufen würde. Fleischersatz aus Insekteneiweiß, implantierte Mobiltelefone – bestimmt hat über das auch schon jemand nachgedacht.

Fassen wir kurz zusammen: Eine Wissensinnovation ist eine Neu-Erfindung von Wissen oder eine Art Content darzustellen, die es noch nie gab.

Hier wird ein völlig neuer Markt erschlossen, neue Probleme gelöst oder Probleme erstmalig angegangen. Das ist schwierig. Disruption ist ähnlich definiert, zerstört aber quasi ein bestehendes Problemlösungsmodell, weil es deutlich besser ist. Und die Kopie von Wissen, Content oder aufbereiteten Formen von Content tritt sofort in Konkurrenz zu Bestehendem und damit zwangsläufig in die Austauschbarkeit.

Vier Schritte zum eigenen Wissens-Business

Wie aber wird aus dem eigenen Wissen ein digitales Wissens-Business? Dazu haben sich vier Schritte als sinnvoll erwiesen:

1. **Das eigene Wissen kartieren**
   Wer mit einem eigenen Wissens-Business startet, hat oft ein „Luxusproblem“: Es ist oft gar nicht klar, wie das eigene Wissen sich materialisieren lässt. Wenn dich zum Beispiel jemand fragt: „Erzähl mir mal alles, was du über dein Fachgebiet weißt“, dann wird in den seltensten Fällen daraus eine sinnvolle Roadmap. Sich der eigenen Fähigkeiten klar zu werden, ist daher überhaupt nicht leicht und zu erfassen. Tools zur Wissenskartierung dienen daher dem „Download“ des eigenen Wissens. Einen großen, ausführlichen Teil gibt es dazu in meinem Buch „Wissen zu Geld“.
2. **Das eigene Wissen digitalisieren**
   Das Wissen sollte anschließend gut strukturiert in einem Digitalformat aufbereitet werden – als Videokurs, Audioformat oder Podcast zum Beispiel.
3. **Wissens-Funnel aufbauen**
   Der Aufbau eines eigenen Wissens-Funnels ist der zentrale, missionskritische Punkt fürs eigene Wissens-Business. Aus einem Interessenten wird damit überhaupt erst ein zahlender Kunde. Mein Buch „Wissen zu Geld“ geht sehr detailliert darauf ein.

4. **Skalieren**
Ein Business ist dann solide aufgesetzt, wenn mehr Einnahmen aus dem Verkauf des eigenen Produkts erzielt werden, als an Marketing ausgegeben wird. Danach erst kann das Business automatisch wachsen, skalieren also.

Der Text ist ein bearbeiteter Auszug aus dem Buch „Wissen zu Geld".

Buchtipp: Wissen zu Geld

Mein SPIEGEL-Wirtschaftsbestseller „Wissen zu Geld" zeigt dir den genauen Weg zu deinem eigenen Wissens-Business. Du kannst es überall bestellen, wo es Bücher gibt.

Die Thesen des Buchs:

1. Du hast Wissen, Erfahrungen und Erlebnisse in dir, für die andere Menschen gutes Geld bezahlen. Denn wir leben in einer Wissensgesellschaft
2. Dein Wissen ist dein wertvollster, krisenfester Besitz - es kann dir niemand nehmen!
3. Nur wenn du dein Wissen und deinen Erfahrungsschatz digitalisierst, wird es im großen Stil sichtbar und bekommt eine große digitale Bühne
4. Alle Schritte zu deinem eigenen Wissens-Business werden im Buch komplett erklärt! Du kannst noch heute beginnen und dein Wissen zu Geld machen!
5. Schritt-für-Schritt Anleitung im Buch: Kartiere dein Wissen, lege seinen wertvollsten Kern frei, digitalisiere es und finde die ersten Kunden

Über Prof. Dr. Oliver Pott

Prof. Dr. Oliver Pott ist Internet-Gründer: Gleich 3 seiner Gründungen wurden zu Multi-Millionen-Euro-Projekten. Seine Firma Blitzbox, eine der ersten Software-Download-Plattformen Deutschlands, hat er für mehrere Millionen Euro an einen französischen börsennotierten Konzern verkauft - und wurde danach mit 36 Jahren Professor für Entrepreneurship.

Im Mai 2019 wurde er gemeinsam mit Frank Thelen vom »Founders Magazin« als Top-30-Gründer gekürt. Heute arbeitet Prof. Dr. Oliver Pott am Thema Digitalisierung mit anerkannten Top-Experten wie Bodo Schäfer, Hermann Scherer, Dirk Kreuter oder Dr. Stefan Frädrich. Und er zeigt Fußball-Bundesliga-Profis, Professoren, Anwälten und Ärzten, wie sie sich ein erfolgreiches Wissens-Business aufbauen. Als Speaker wird Prof. Dr. Oliver Pott selbst regelmäßig gebucht.

Wer sichtbar ist, wird gekauft, wer unsichtbar ist, dessen Qualität kann nicht wahrgenommen werden (so gut sie auch sein mag).

(Hermann Scherer)

KAPITEL 13

Das Wesentliche ist eben doch Sichtbarkeit

Wie du es vielleicht schon im Buch herauslesen konntest, war das Jahr 2009 ein sehr prägendes für mich. Die Exkursion nach Indien, meine erste Reise nach Australien und im Dezember 2009 schließlich auch das Ende meiner „Poker-Karriere". 2009 in Melbourne entschloss ich mich dazu, mein Leben zu verändern. 2009 las ich ebenfalls das Buch „Jenseits vom Mittelmaß" von Hermann Scherer. Es hatte eine unfassbar inspirierende Wirkung auf mich. Mittelmaß ist nichts für mich - und auch nichts, was man anstreben sollte.

Ich empfehle das Buch bis heute noch gerne an jeden, der sich von der Masse abheben und seine Ideen umsetzen will. Raus aus dem Mittelmaß und rein in die Sichtbarkeit. Passend dazu hat Hermann Scherer (mittlerweile ein langjähriger Weggefährte und einer der herzlichsten und motivierendsten Menschen, die ich kenne) auch seinen Gastbeitrag für mich geschrieben. Danke, lieber Hermann!

„Wer nicht auffällt, fällt weg!"

Von Hermann Scherer

Sich zeigen. So sein, wie man wirklich ist. Sich nicht verstellen und sich nicht von der Meinung anderer abhängig machen. Kurzum, einfach sichtbar sein. Etwas so Grundsätzliches, Selbstverständliches und auf der anderen Seite etwas, das so vielen Menschen so unglaublich schwerfällt. Dieses Phänomen zieht sich quer durch alle Altersgruppen und betrifft die Arbeitswelt im gleichen Maße wie unser Privatleben.

Wann genau haben wir eigentlich gelernt, uns zu verstecken und uns klein zu machen? Wann wurde uns diese böse Saat eingepflanzt?

Sichtbar zu sein, das ist unser natürlicher Zustand. Das kann man ganz wunderbar an Kindern beobachten. Kinder sind so, wie sie eben sind. Von Geburt an. Sie sind laut, sie sind agil, sie tollen herum, klettern und springen, sind voller Freude und Spaß. Und sie zeigen das auf eine ganz natürliche Art und Weise, fordern lautstark Aufmerksamkeit ein und sind dabei ganz schamlos. Würde ein Kind auf die Idee kommen, sich für das eigene Verhalten zu schämen? Würde ein Kind glauben, irgendwie falsch zu sein in dieser Welt und sich verstecken zu müssen? Unsichtbar zu werden?

Individualität und Sichtbarkeit: Mehr Makel statt Marke?

Diese Ideen pflanzen wir unseren Kindern ein, sobald diese in die Schule kommen. Dann heißt es plötzlich, das Kind sei zu laut, zu leise, zu forsch, zu zurückhaltend, zu neugierig, zu besserwisserisch, zu ungeduldig, zu langsam, zu was weiß ich. Was passiert, wenn man einem Kind nur oft genug sagt, es sei zu irgendwas? Es wird sein Verhalten anpassen, es wird sich ducken und immer kleiner und unsichtbarer werden. Denn das Kind sehnt sich nach Anerkennung und danach, dass es dafür, wie es ist, geliebt und gelobt wird. Wen wundert es da, dass sich die Kinder in Folge wandeln? Von den perfekten kleinen Geschöpfen, die sie von Geburt an sind, werden sie nach und nach zu konformen Teilnehmerinnen und Teilnehmern an einem gleichgeschalteten (Schul-)Leben, in dem Individualität und Sichtbarkeit nur mehr Makel statt Marke sind.

Damit festigen sich bei Kindern Charaktereigenschaften und Attribute, die einem erfüllten, glücklichen Dasein – und damit auch dem späteren Erfolg im Beruf – entgegenstehen. Statt Mut und Selbstvertrauen zu entwickeln, machen sich in ihnen Zweifel breit. Sie beginnen, sich zu fragen, ob sie denn „richtig" sind. Der Selbstwert sinkt, das Selbstbewusstsein ebenfalls.

Wenn aus Kindern Jugendliche und später Erwachsene werden, festigen sich die Muster immer mehr. Wir trauen uns irgendwann nichts mehr zu, was außerhalb des Tellerrandes liegt und wundern uns gleichzeitig, weshalb wir eigentlich so unglücklich sind. Denn wir führen ein – scheinbar – gutes Leben und sollten dankbar und glücklich sein. Schließlich haben die meisten von uns ein Dach über dem Kopf, genügend zu essen und zu trinken, haben einen guten Job, fahren ein schickes Auto und machen zweimal im Jahr Urlaub. Alles normal, oder?

Tja, und genau da liegt das Problem. Über Jahre und Jahrzehnte haben wir gelernt, dass wir uns anpassen müssen, dem Durchschnitt entsprechen müssen, normal sein müssen, um Anerkennung zu bekommen. Denn alles, was von der Mitte abweicht, ist schräg, komisch, seltsam, nicht liebenswert. Was gleichzeitig bedeutet, dass wir unsere ganz individuellen Stärken, Charaktereigenschaften, Bedürfnisse, Talente und Botschaften verstecken. Wir machen uns klein, leise und unsichtbar anstatt laut zu sein, uns in voller Größe zu zeigen und unser Leben so zu leben, dass unsere Seele schwingt und unser Herz vor Freude tanzt.

Wir haben verlernt, uns zu zeigen. Lieber bleiben wir in unserer Komfortzone, in der – nur scheinbar – goldenen Mitte, sind still und angepasst. Manchmal passiert es aber, dass wir kurz ausbrechen. Ob absichtlich oder nicht, doch wir merken: Immer dann, wenn wir uns trauen, ein Stück von uns zu geben und zu zeigen, immer dann verspüren wir echtes, wahrhaftiges, tiefes Glück und Erfüllung. So sollte der Weg aus der Unsichtbarkeit heraus doch eigentlich ganz leicht sein. Einfach den Zauberumhang wie bei Harry Potter abstreifen, hinaustreten ins Licht, et voilà? Nun, wäre es so einfach, die Welt wäre voller strahlender, sichtbarer, glücklicher Individuen.

Ohne Sichtbarkeit zieht das Leben an dir vorbei

Die Tragik an der Konformität, die uns von klein auf eingebläut wird: Das Blatt wendet sich spätestens dann, sobald wir den Kinderschuhen entwachsen sind. Dann kommen wir um Sichtbarkeit nicht herum. Egal, in welchem Bereich, wer nicht gesehen wird, der wird übersehen und kommt in seinem Leben nicht weiter. Das gilt für ein Date genauso wie für eine Bewerbung oder für einen Auftrag. Wir müssen uns zeigen, wenn wir einen Partner oder eine Partnerin suchen, wenn wir einen Job ergattern oder einen bestimmten Kunden für uns gewinnen wollen. Still und leise sitzen zu bleiben und darauf zu hoffen, dass der Traumprinz oder die Traumprinzessin plötzlich auf dem weißen Ross angeritten kommt, der Wunsch-Arbeitgeber an die Türe klopft und uns ein unglaubliches Job-Angebot macht oder der potenzielle Kunde eine E-Mail schickt und den Auftrag an uns vergibt, ist wenig aussichtsreich. Und obwohl wir uns dessen bewusst sind, dass wir auf uns aufmerksam machen müssen, fällt es uns doch unglaublich schwer. Es sind die Fesseln unserer Vergangenheit, die sich in der Gegenwart als Zweifel manifestieren.

Das ist die Stimme in unserem Kopf, die flüstert: „Ich kann das nicht, ich verdiene das nicht, ich werde das nie verstehen, ich bin nicht gut genug, ich habe dafür keine Zeit." Und wir belügen uns so sehr selbst, indem wir uns erzählen, dass wir uns irgendwann verändern werden, irgendwann soweit sein werden, es irgendwann schaffen werden. Dass wir erst noch dieses und jenes lernen müssen, dass wir noch dieses eine Zertifikat, diese eine Fortbildung brauchen.

Und ich werde das Gefühl nicht los, dass Frauen oft viel kritischer mit sich selbst sind als Männer. Auch da spielt vermutlich die Erziehung eine Rolle. Ein Mädchen muss dies und darf jenes nicht, während man Jungs viel mehr durchgehen lässt. Kein Wunder, dass wir heute an dem Punkt stehen, an dem wir eben stehen. Nämlich, dass sich Frauen meist weit mehr anstrengen müssen als Männer, um das Gleiche zu erreichen. Wie ungerecht, es ist eine Schande! Das denke ich mir jedes Mal, wenn ich mir zum Beispiel die Liste der Top 100 Erfolgstrainer anschaue. Denn in diesen Top 100 taucht gerade einmal eine Handvoll Frauen auf. In den Top 10 davon keine einzige! Das macht mich richtig sauer. Denn Frauen können das, was wir Männer tun, schon lange. Und sie können es – fast immer – sehr viel besser.

Warum sehen wir so wenig Frauen an der Spitze, auf der Bühne und unter den Top 100? Ist es, weil Frauen Dinge eben auf die weibliche Art tun? Eine Art, die im Übrigen so viel wundervoller ist. Eine Art, die schön, klug und emotional ist. Ist es, weil sie vielleicht nicht so laut wie ihre männlichen Kollegen brüllen? Dabei hat der Markt eine riesige Sehnsucht nach Frauen! Eine Sehnsucht, die offenbar noch lange, sehr lange nicht gestillt werden wird.

Frauen sind Göttinnen. Ohne Frauen wäre das Leben doch nur halb so schön. Ohne Frauen gäbe es überhaupt gar kein Leben. Frauen regieren die Welt, sang Roger Cicero. Warum nicht auch den Markt? Es gibt so viele wundervolle Frauen, die eine starke Botschaft haben und die es verdienen, so viel häufiger gesehen, gebucht, geschätzt und ausgezeichnet zu werden.

Liebe Frauen - und natürlich liebe Männer - das entscheidende Problem ist:

Gut sein allein reicht nicht, besser auch nicht. Es bringt rein gar nichts, wenn es andere nicht wissen. Sichtbarkeit schlägt Kompetenz. Immer!

In dem Moment, in dem es einen Kompetenten und einen Bekannten gibt, wird in der Regel der Bekannte vorgezogen. Manchmal ist es noch schlimmer: Prominenz schlägt Kompetenz. Das liegt an der – phasenweise doch beschränkten – Arbeitsweise unseres Gehirns. Das zieht nämlich folgenden Schluss: Bekanntheitsgrad hebt Nutzenvermutung. Der Umkehrschluss lautet folglich: Unbekannt = kein Nutzen, also vergessen wir den oder die ganz schnell. Leider ziemlich ungerecht, doch so funktioniert nun mal der Markt und auch unser gesamtes Leben.

Sorge für deine Sichtbarkeit!

Deshalb ist mein Credo, für Sichtbarkeit zu sorgen. Und zugegeben, ich bin mittlerweile ziemlich streitbar geworden, aber zum einen habe ich einfach die Nase voll von inkompetenten Dampfplauderern, die nichts können und dennoch erfolgreich sind, und bin gleichzeitig traurig über die Kompetenzträger, deren Wände voller Diplome hängen, aber die kaum ihre Miete zahlen können.

Beispiele gibt nicht nur die Medienwelt. Einer hiervon ist der Philosoph Richard David Precht. Der lebte von Arbeitslosengeld, fasste dann die wichtigsten philosophischen Gedanken in dem Buch „Wer bin ich und wenn ja, wie viele“ verständlich zusammen, promotete das Buch im Fernsehen und erlangt damit große Bekanntheit. Er geht mittlerweile in Talkshows ein und aus und verlangt Tagessätze im fünfstelligen Bereich.

Ähnlich gestaltet es sich bei Dr. Eckart von Hirschhausen, der früher auch als Zauberer auftrat. Oft kostenlos oder zu geringen Honorarsätzen. Dann brachte er sein Buch „Glück kommt selten allein…“ heraus und positionierte sich als kabarettistischer Arzt. Eine Idee, die besonders war. Er schoss damit durch die Decke und ist heute aus den Medien und von den Bühnen nicht mehr wegzudenken. Auch er verlangt heute Honorarsätze im fünfstelligen Bereich. Ob er ein guter Arzt ist? Ob er mehr weiß als andere Mediziner? Das zu beurteilen maße ich mir nicht an. Was er ganz sicher besser gemacht hat als viele seiner Kollegen: das Inszenieren und Positionieren.

Ein schönes Beispiel ist auch Giulia Enders mit ihrem Buch „Darm mit Charme“. Noch in ihrer Zeit als Studentin hat sie einen Vortrag über das Thema Stuhlgang gehalten, als ein Verlag auf sie zukam und sie fragte, ob sie darüber nicht ein Buch schreiben möchte. Sie hat es getan. Ich hätte gesagt, das Ding geht in die Hose. Der Titel wurde mehr als drei Millionen Mal verkauft. Sie hat damit nicht nur einen riesigen Bekanntheitsgrad erlangt. Publikationen dieser Art zeichneten sich bis dahin vor allem durch eins aus: Unverständlichkeit. Fachtermini. Komplexe Sätze. Formeln. Ganz ehrlich: Wer steigt da nicht spätestens nach zwei Seiten aus? Giulia Enders hat hier ein Umdenken generiert. Viele Gelehrte schreiben nun anders, so hat der Mikrobiologe Professor Dr. Markus Egert das Buch „Ein Keim kommt selten allein“ herausgebracht.

Das waren jetzt Beispiele, mit denen sich die Autoren an die extrovertierten Menschen gerichtet haben. An die, die vielleicht etwas lauter sind. Doch was ist mit den leiseren Menschen? Das hat sich auch Sylvia Löhken gefragt. Und sie hat sich diesem Thema in ihrem Buch „Leise Menschen – starke Wirkung“ angenommen. Auch damit hat sie den Nerv der Zeit getroffen, denn auch dieser Titel hat es auf die Bestsellerliste geschafft.

Mehr Beispiele gefällig? Gerne: Ich hatte einmal eine Teilnehmerin, deren Tochter mit dem Down-Syndrom zur Welt kam und die sich genau mit diesem Thema beschäftigte. Sie wollte anderen "Betroffenen" helfen und ihnen Mut zusprechen. Sie wollte das Thema kapitalisieren. Unmöglich? Das dachte ich zunächst auch. Mareike Fuisz hat einen Online-Kongress ins Leben gerufen. Sie ist damit als Kongressveranstalterin und als Rednerin bekannt geworden.

Hier reiht sich auch Stefanie Steinleitner ein. Sie ist die Ehefrau eines Bäckers und hält Vorträge zum Thema Brot. Etwas eigentlich so Banales wie Brot. Etwas so Alltägliches wie Brot. Doch vielleicht liegt genau darin das Geheimnis. Brot ist Grundnahrungsmittel. Wir konsumieren es alle nahezu täglich. Und wenn es dann noch so wunderbar inszeniert und interpretiert wird wie bei Stefanie Steinleitner – umso besser.

Wirklich jedes Thema kann man vermarkten, man kann mit jedem Thema erfolgreich sein, wenn man es richtig angeht, es sichtbar macht, dem Kind den richtigen Namen gibt und das Interesse weckt. Das Credo muss lauten: Du bist gut - und jeder weiß es.

Ich bin wohl kein guter Ratgeber, wenn es um den Erfolg bei der Partnersuche geht, doch beim Sichtbarmachen und Vermarkten von Kompetenzen, Botschaften, Dienstleistungen, Marken und Produkten glaube ich, zumindest nicht ganz ahnungslos zu sein. Nach vielen tausend Beratungen, mehr als 50 geschriebenen Büchern und 40 Menschen, die ich auf ihrem Weg in die Top 100-Liste begleitet habe, weiß ich, wie du dich und deine Marke sichtbar machen kannst. Dieses Wissen habe ich als Blaupause in meinem Zehn-Schritte-Marketingplan zusammengefasst. Der Marketingplan ist dein Instrument und Wegweiser, um deine Positionierung zu finden, deine Vision und dein Business nach außen zu zeigen und damit letztlich deine Wunsch-Honorare zu realisieren.

Wir müssen wieder sichtbar werden. Laut werden. Uns zeigen, wie wir sind. Damit es heißt: „Ich sehe was, was du auch siehst! Und das bin ich!“

Den Marketingplan erhältst du hier kostenfrei als Download:

www.hermannscherer.com/erfolg

Über Hermann Scherer

Nach über 3.000 Vorträgen vor rund einer Million Menschen in mehr als 3.000 Unternehmen in über 30 Ländern und 50 Büchern in 18 Sprachen hat Hermann Scherer mehr als 40 Menschen in die Liste der TOP 100 Erfolgstrainer gebracht und mehr als 125 in die TOP 500 Liste begleitet. Er macht Menschen zu Marken, damit sie das verdienen, was sie wert sind und die Bühnen dieser Welt erobern.

> „Probleme sind Gelegenheiten zu zeigen, was man kann.

KAPITEL 14

Keine Angst vor Risiken, keine Angst vor Fehlern!

Angst vor Fehlern und die damit verbundene Risikoscheu sind etwas, das nicht recht zum Bild eines Erfolgsmenschen passen will und deshalb auch nicht oft angesprochen wird. Dabei ist das Risiko von Anfang an ständiger Begleiter, während Fehler als solche unvermeidbar sind. Allerdings gibt es verschiedene Arten, mit Risiken und der Angst vor Fehlern umzugehen. Die zwei Extreme sind:

1. Aus den drei Basis-Optionen „fight", „flight" und „freeze" (Kämpfen, Fliehen oder Erstarren) Letztere zu wählen und Problemen völlig handlungsunfähig gegenüber zu stehen.

2. Risiken, Fehler und Versagen zu feiern, nach der Maxime „Einfach machen!" agieren und Samuel Becketts Worte „Ever tried. Ever failed. No matter. Try again. Fail again. Fail better.", unironisch zu leben.

Letzteres klingt erst einmal wie das Erfolgsrezept schlechthin. Aber genau das, was im ersten Fall im Vordergrund steht, fehlt hier: der Selbsterhaltungstrieb. Wer hohe Risiken eingeht, kann oft viel gewinnen, aber ab einer gewissen Fallhöhe wird es unangenehm.

Auch in Silicon Valley hat man Angst vor Fehlern und Fehlschlägen. Der Journalist und Unternehmensberater Rob Asghar rechnet in der Forbes mit dem dort besonders ausgeprägten Hype ums Fehlermachen ab. „Fail fast, fail often!", „Fail better!" und „Fail foreward!" seien vor allem Lippenbekenntnisse in einem Umfeld, wo alle mit allen Mitteln versuchen, schnell möglichst große Erfolge zu verbuchen. Ein wichtiger Motivator sei hier die Angst vorm Scheitern. Er schließt sich dabei einem anderen Kritiker der Fail-Fast-Mentalität, dem Unternehmer Mark Suster, an. Dieser kritisierte bereits 2010 all die Bekenntnisse zum Fehler machen als unnötig risikofreudig bzw. „unverantwortlich, unethisch und herzlos". Man könne unter dem Motto „Fail fast" nicht auf Businesspläne und Zielgruppenanalysen als Maßnahmen zur Risikominimierung verzichten; man könne auch nicht 50.000 hart verdiente Dollar eines Investors verbrennen, um ihm dann mitzuteilen: „Wir haben Glück: Ohne über Jahre Millionen verschwendet zu haben, wissen wir jetzt, dass es so nicht klappt."

In seinem Beitrag spricht sich Asghar letztlich aber nicht gegen Fehler und Risikofreude als solche aus, sondern gegen den unreflektierten, allzu enthusiastischen Umgang damit. Er schlägt vor, das Motto in „Embrace resilience", zu ändern, „Mach' dir die Gabe wieder aufzustehen zu eigen".

„Resilience" entspricht dabei dem psychologischen Fachbegriff „Resilienz". Diese Eigenschaft ist bei unterschiedlichen Menschen unterschiedlich stark ausgeprägt und bestimmt darüber, wie gut Betreffende Rück- und Schicksalsschläge wegstecken.

Es ist also nötig, einen Mittelweg zu finden, bei dem Vorsicht und Risikofreude einander nicht ausschließen. Im Krisenfall ist es wichtig, handlungsfähig zu bleiben und weiterzumachen. Das Risiko-Problem lässt sich rational lösen, indem du Risiken minimierst. Aber was tun, wenn Fehler und Widrigkeiten einen leicht aus der Bahn werfen? Aktuell wird noch diskutiert, ob Resilienz genetisch bedingt ist, allerdings gibt es auch hier Möglichkeiten, an seiner Haltung zu arbeiten. Ich möchte dir daher ein paar Strategien für beide Fronten vorstellen.

Risiko – So wenig wie möglich, so viel wie nötig

Schon lange vor Silicon Valley hieß es: „Wer nicht wagt, der nicht gewinnt." Allerdings musst du nicht jedes Wagnis eingehen. Vernunft und Weitsicht sind die besten Mittel, um sich gegen unnötige Risiken abzusichern. Hier sind 4 Dinge, die der Risikooptimierung dienen - zugeschnitten auf eine/n Unternehmensgründer:in. Aber selbst wenn du nicht gründen willst, kannst du sie auf dein Leben anwenden:

1. Mach' einen Plan A und mach' einen Plan B

Arbeite mit einem Wenn-Dann-Szenario, gehe die Eventualitäten, die du bemerkst, durch und überlege dir, was du in welchem Fall tust – und was du tun musst, um kleine und große Katastrophen zu vermeiden. Das ist auch eine gute Übung, um die Angst vorm Scheitern in den Griff zu bekommen. Es hilft dir, vorbereitet zu sein, nicht in Grübeleien zu verfallen und das tatsächliche Risiko besser abschätzen zu können.

Gegen viele Katastrophen kannst du dich auch versichern (lassen). Arbeitest du zum Beispiel vor allem am Notebook, kannst du das Gerät im Rahmen einer Hausratversicherung vor Diebstahl schützen oder eine spezielle Laptop-Versicherung gegen alle möglichen Schäden abschließen. Eine Sicherheitskopie der Daten, auf die es ankommt, minimiert dein Risiko ebenfalls ganz entscheidend.

2. Schätze das Risiko ab

Versuche auf Basis solcher Wenn-Dann-Szenarien herauszufinden, wie groß das jeweilige Risiko ist. Wenn du dann vor einer wichtigen Entscheidung stehst, gibt es zwei Möglichkeiten. Entweder das Risiko ist so hoch, dass du die Konsequenzen im schlimmsten Fall nicht verkraften würdest oder aber der Worst Case ist, trotz allem damit verbundenen Unbehagen, verschmerzbar. Wie der vernünftige Umgang mit dem Risiko hier aussieht, ist klar. Nicht umsonst lautet eine alte Investoren-Weisheit: „Investiere nicht mehr, als du zu verlieren bereit bist."

3. Behalte die Zahlen im Blick

Um herauszufinden, ob ein Risiko finanziell tragbar ist, musst du natürlich einen Überblick über deine Ausgaben und Einnahmen haben. Vor einer Entscheidung kommt der Bilanzcheck, dann das Bauchgefühl.

4. Berate dich mit deinen Mitstreitern

Wenn du kein Einzelkämpfer bist, hast du wahrscheinlich Mitarbeiter:innen oder Partner:innen, die ihre Kompetenz unter Beweis gestellt haben und denen selbst einiges am Unternehmenserfolg liegt. Wenn dich dein Bauchgefühl nicht weiterbringt, lohnt es sich vielleicht, ihre Position zur anstehenden Entscheidung zu hören.

4 Dinge, die der Risikooptimierung dienen:

1. *Mach einen Plan A und mach einen Plan B*
2. *Schätze das Risiko ab*
3. *Behalte die Zahlen im Blick*
4. *Berate dich mit deinen Mitstreitern*

Resilienz – Was machst du, wenn das Leben dir Zitronen gibt?

„Wenn das Leben dir Zitronen gibt, mach Limonade draus."

Das Gute an Fehlern und Krisen ist, dass wir aus ihnen lernen und an ihnen wachsen können. Das geht aber nur, wenn wir daran nicht zerbrechen, sondern flexibel reagieren, lernen und anpassungsfähig sind. Unsere Resilienz bestimmt, wie gut wir Krisensituationen meistern. Es gibt Hinweise darauf, dass hier auch bestimmte Gene eine Rolle spielen, aber diese sind nur ein Faktor von vielen. Intelligenz, die Fähigkeit, die eigenen Gefühle zu regulieren, Selbst- und Weltbild sowie das soziale Umfeld tragen ebenfalls zur Entwicklung von Resilienz bei. Tatsächlich kannst du bestimmte Denkmuster auch gezielt trainieren, um besser mit Problemen und Krisen fertig zu werden. An dieser Stelle möchte ich dir nun drei Tipps geben, mit denen du an deiner Krisenfestigkeit arbeiten kannst:

1. Besser mit Stress umgehen (lernen)

Ganz gleich, ob angestellt oder selbstständig: Das Arbeitsleben ist stressig. Nicht jede Form von Stress ist dabei grundsätzlich schlecht. Stress, der einen in die Lage versetzt, Höchstleistungen zu erbringen und mit positiven Gefühlen einhergeht, wird „Eustress“ genannt. Sein negativer Gegenpart, „Disstress“ spielt eine viel größere Rolle, wenn es darum geht, uns krank zu machen. Es ist daher wichtig, Ausgleich zu schaffen, um sich nicht körperlich und geistig im Dauerausnahmezustand zu befinden. Negative Emotionen lassen sich mit Sport gut in den Griff bekommen.

Die Psychologen Megan Oaten und Ken Cheng untersuchten in einer Studie wie sich regelmäßiger Sport über mehrere Monate hinweg auf Studierende auswirkt. Im Vergleich zur Kontrollgruppe waren Studienteilnehmer:innen, die drei Mal die Woche Sport machten, weniger gestresst. Sie konnten auch besser mit negativen Emotionen umgehen und verhielten sich im Alltag disziplinierter. Sie rauchten und tranken weniger, beides Verhalten, das zu den ungesunden Stressbewältigungsmechanismen zählt. Wenn du noch keine Sportart für dich entdeckt hast, aber Sport machen willst, um besser mit Stress zurecht zu kommen, solltest du eine Sportart wählen, die dir auch Spaß macht.

Es muss natürlich nicht unbedingt Sport sein. Hauptsache, du kannst dich dabei entspannen und die entsprechende Tätigkeit tut dir gut. Vor einiger Zeit ging die Liste des Psychologiedozenten Brett Phillips auf Twitter viral. Eine seiner Schülerinnen hatte seine 101 Punkte umfassende Liste mit Vorschlägen, um Stress zu minimieren, abfotografiert und gepostet. Jeweils fünf davon sollten Phillips Schüler aussuchen und umsetzen. Täglich Sport zu treiben ist Vorschlag Nummer 79, unter den übrigen 100 sind genug kleine Wohlfühlübungen für jeden Geschmack dabei („25. Streichle ein/e zutrauliche/n Hund/Katze", „90. Besuche ein Ballsportmatch und schreie"), aber auch Maximen, die mittel- und langfristig hilfreich sein können. Neben Sport wird auch vorgeschlagen, täglich Freizeit einzuplanen (Punkt 35) und Prioritäten zu setzen (Punkt 10). Dass die Liste einen viralen Hit landete, zeigt, wie nötig Menschen in der modernen Welt gute Stressbewältigungsstrategien haben. Sie zeigt aber auch, dass es nicht die eine, ultimative Methode gibt, um runterzukommen.

Wenn du nun (besser) mit Stress umzugehen lernst, steigt auch die Wahrscheinlichkeit, dass dir der Dauerstress, den Krisen auslösen können, weniger schadet.

2. Positiv Denken...

...sollte nicht mit der Fähigkeit verwechselt werden, Probleme konsequent zu verdrängen und jegliche negative Emotion zu unterdrücken. Eine bestimmte Form des Optimismus ist dem Learning nach Fehlschlägen auch abträglich, bestätigt Dr. Stefan Frädrich. Umgekehrt hat man positives Denken bitter nötig, wenn schon Kleinigkeiten einen völlig aus der Bahn zu werfen drohen. Nur mit einer positiven Grundhaltung kannst du lernen, Fehler auch zuzulassen. Mit dieser Haltung fragst du: „Was kann ich beim nächsten Mal besser machen?", statt dich mit Selbstvorwürfen zu überschütten, mit denen du jegliche Zuversicht und den Glauben an deine Fähigkeiten vernichtest.

Mache dir also zunächst bewusst, dass Bauch und Kopf keine getrennten Systeme sind. Gedanken können Gefühle hervorrufen und Gefühle führen zu entsprechenden Gedanken. Das kannst du dir zunutze machen, um dir deinen Gemütszustand bewusst zu machen und ihn dann zu beeinflussen. Das kann dir im Ernstfall auch helfen, Abstand von deinen Emotionen zu bekommen und nicht kopflos zu handeln.

Erwischst du dich im Alltag dabei, wie du grübelst oder dich in überzogene Ansprüche an dich selbst reinsteigerst, kannst du diesen Gedanken Einhalt gebieten. Passende, positive Leitsätze können als Gegenformeln verwendet werden. Machst du Fehler, solltest du dich auch nicht selbst geißeln, sondern immer fragen, was du daraus lernen kannst und was du tun kannst, um mit den Konsequenzen fertig zu werden. Zum positiven Denken gehört schließlich auch die Überzeugung, dass du die Dinge aktiv zum Besseren wenden kannst.

i

Du möchtest deine Resilienz verbessern bzw. an deiner Krisenfestigkeit arbeiten? Dann nimm dir diese 3 Tipps zu Herzen:

1. *Lerne besser mit Stress umzugehen indem du dir einen Ausgleich suchst (z.B. Sport)*
2. *Positiv denken: Was kannst du das nächste Mal besser / anders machen?*
3. *Pflege deine sozialen Kontakte, denn sie stärken deine psychische Widerstandsfähigkeit*

3. Das soziale Netzwerk pflegen

Teil einer Gemeinschaft zu sein stärkt die psychische Widerstandsfähigkeit. Das verwundert wenig, immerhin sind Menschen dann in Krisenfällen nicht auf sich allein gestellt und finden in ihrer Familie, bei Freunden oder sogar in der Kirchengemeinde emotionalen Rückhalt. Es kann sein, dass du gerade in der Gründungsphase viel zu tun hast, aber ebenso wenig, wie du auf Ausgleich verzichten solltest, solltest du dein soziales Leben vernachlässigen. Ein Netzwerk zahlt sich nicht nur im Sinne von „Networking" aus. Deine privaten Kontakte können dich in der Krise auffangen und dir helfen, sie zu überstehen. Aber darüber haben wir ja bereits in Kapitel 2 ausführlich gesprochen.

Risiko gehört zum Leben dazu und Irren ist menschlich

Daher ist es keine Option, Risiken und Fehler immer und überall vermeiden zu wollen. Du nimmst dir mit Vermeidungsverhalten die Möglichkeit, unternehmerisch und persönlich zu wachsen.

Risiken einzugehen zahlt sich langfristig aber nur aus, wenn du auf Risikooptimierung und nicht alles unbedacht auf eine Karte setzt. Hier habe ich dir daher 5 Vorschläge zur Risikooptimierung aufgelistet:

- Arbeite mit Wenn-Dann-Szenarien.
- Schätze Risiken immer erst ab.
- Verschaffe dir einen finanziellen Überblick, bevor du riskante Business-Entscheidungen triffst.
- Frage deine Vertrauten um Rat.
- Sorge dafür, dass du rechtlich auf der sicheren Seite bist.

Oder kurz: Sei nicht risikoscheu, aber vernünftig.

Da sich das Risiko, Fehler zu machen und Rückschläge zu erleben, natürlich nicht völlig eliminieren lässt, ist es wichtig, bei Rückschlägen wieder aufzustehen, zu lernen und weiterzumachen. Ob du dazu in der Lage bist,

ist eine psychische Frage. Die Fähigkeit, wieder aufzustehen, ist nur bedingt angeboren und lässt sich trainieren. Wichtig ist es:

- Stress ausgleichen zu können.
- Eine positive Grundhaltung zu entwickeln.
- Ein soziales Netzwerk zu haben/zu finden, das einen zumindest emotional auffängt.

Letztlich ist es wichtig, sich nicht nur auf das Risiko zu konzentrieren, sondern auf aktives Handeln und die Ergebnisse. Deine psychische Widerstandsfähigkeit hilft dir dabei, auch während akuter Krisen handlungsfähig zu bleiben.

“

Das Geheimnis des Könnens liegt im Wollen.

KAPITEL 15

Was erfolgreiche von weniger erfolgreichen Menschen unterscheidet

Erfolg ist eine Frage der Einstellung. Laut einer Studie des Unternehmens TalentSmart verfügen erfolgreiche Menschen zu 90 % über eine hohe emotionale Intelligenz, also die Fähigkeit, eigene und fremde Gefühle zu erkennen und zu akzeptieren. Die emotionale Intelligenz beeinflusst unser Verhalten und unsere Entscheidung.

Sie hilft dabei, Emotionen so zu beeinflussen, dass Ziele schneller erreicht werden können und trägt somit maßgeblich zu unserem persönlichen Erfolg bei. Menschen mit einer hohen emotionalen Intelligenz können ihre Gefühle wie Angst oder Gereiztheit besser kontrollieren und positive Gefühle verstärken.

Viele Menschen stehen sich jedoch selbst im Weg und machen sich das Leben unnötig schwer. Begegnet man dann noch Menschen, denen der Erfolg zuzufliegen scheint, ist das Ganze noch frustrierender und man fragt sich oft, wie diese Menschen das anstellen. Was machen erfolgreiche Menschen also anders?

Natürlich gibt es kein Erfolgsrezept, das dich ganz sicher zum Erfolg führt. Doch es gibt Charaktereigenschaften und Denkweisen, die erfolgreiche Menschen gemeinsam haben und die dich vielleicht von deinem großen Durchbruch abhalten. Ich möchte dir 11 dieser Eigenschaften vorstellen, denn emotionale Intelligenz ist trainierbar. Tue es also den Erfolgreichen gleich und rücke auch deinem Traum ein Stück näher!

11 Eigenschaften erfolgreicher Menschen

1. Weniger nachdenken, mehr machen!

Natürlich denken erfolgreiche Menschen über ihre neue Geschäftsidee oder ihr neues Projekt nach und kalkulieren das gesamte Unterfangen von vorne bis hinten durch. Der Unterschied zu weniger erfolgreichen Menschen besteht allerdings darin, dass sie nicht ewig abwarten, sondern nach dem Schmieden eines erfolgreichen Plans auch zur Tat schreiten, um das umzusetzen, wovon sie träumen. Erfolgreiche Menschen wollen etwas aus ihrem Leben machen. Sie verfügen über Entschlossenheit und Zielstrebigkeit und nehmen ihr Glück selbst in die Hand.

2. Lösungsorientiertes Arbeiten

Viele Menschen fixieren sich zu sehr auf ein bestimmtes Problem und verstärken so ihre negativen Gefühle und den mit dem Vorhaben verbundenen Stress, was die Leistungsfähigkeit erheblich beeinträchtigt. Menschen, die dazu neigen, viel über Probleme zu grübeln, sollten sich weniger mit dem Problem selbst als mit der Frage, wie eine Verbesserung des Umstands erreicht werden kann, befassen. Statt sich also immer wieder mit dem „Was wäre wenn?“ zu beschäftigen, suchen sich erfolgreiche Menschen die für sich beste Lösung und setzen diese dann um. Sie warten nicht so lange, bis zu viele negative Gedanken zu einem Problem aufkommen, sondern gehen dem Problem direkt an den Kragen.

Im Allgemeinen konzentrieren sich weniger erfolgreiche Menschen zu sehr auf das, was im Leben schief läuft und reiten immer wieder auf ihren Fehlern rum. Gute Tage werden dabei ganz außer Acht gelassen. Es wird sich also immer auf schlechte Tage fixiert und kleine Erfolge werden oft übersehen und als selbstverständlich betrachtet. Menschen, die noch keinen Durchbruch geschafft haben, führen Fehler meist auf persönliche Defizite zurück, die sie glauben, nicht beheben zu können.

Es ist jedoch wichtig, Fehler zu machen, um daraus zu lernen. Nur so kann man seine Gewohnheiten ändern. Erfolgreiche Menschen haben das gelernt und gehen mit ihren Fehlern anders um. Sie betrachten Fehler als etwas, über das sie die Kontrolle haben und das sie in Zukunft beheben und besser machen können.

3. Angst vor Niederlagen besiegen und Risiken eingehen

Wie bereits erwähnt können Menschen mit einer hohen emotionalen Intelligenz ihre Gefühle besser kontrollieren. Erfolgreiche Menschen haben begriffen, dass es sich lohnt, die Angst zu überwinden und auch mal etwas zu riskieren. Jeder kennt schließlich das Gefühl, wenn man seine Angst überwunden hat. Man fühlt sich viel stärker als zuvor und ist stolz auf sich selbst.

Auch solche Erfolge stärken unser Selbstbewusstsein und bescheren uns ein Glücksgefühl. Vor einer Hürde sollte man sich immer fragen, was schlimmstenfalls passieren kann. Es geht dabei darum, für sich zu lernen, dass Fehler machen kein K.O.-Argument ist. Fehler müssen schließlich gemacht werden, um von ihnen in Zukunft zu lernen. Nur wer das verstanden hat, kann etwas Neues wagen und seinem Erfolg entgegen sehen.

Viele Menschen haben das jedoch noch nicht verinnerlicht und fühlen sich sicherer dabei, ihr ganzes Leben lang abzuwarten. Sie sind nicht risikofreudig. Natürlich ist es gut, Entscheidungen bedacht zu treffen und sich vorher genug Gedanken zu machen, ob das, was man vorhat, wirklich das Richtige ist. Nichtsdestotrotz darf eine Entscheidung nicht aus reiner

Angst getroffen werden. Denn wenn wir ängstlich sind, stehen wir uns und einer herbeigesehnten Veränderung im Weg.

Wenn du auch zu dieser Sorte Mensch gehörst, solltest du dich von nun an nicht mehr neuen Ideen gegenüber sperren und auch einmal den Mut haben, etwas auszuprobieren. Nur so können Innovationen entstehen. Fange am besten mit einer kleinen Veränderung an und wenn sie den gewünschten Effekt hat, wird dich das in Zukunft bestärken, mehr Neues auszuprobieren.

4. Loslassen können und im „Hier und Jetzt" leben

Mit dem Eingehen von Risiken steigt auch die Wahrscheinlichkeit von Misserfolgen. Diese können unser Selbstbewusstsein schmälern und unsere Hoffnung auf ein künftig besseres Ergebnis erschweren. Emotional intelligente Menschen wissen jedoch, dass das Erfolgsprinzip darin besteht, sich nicht von Misserfolgen ausbremsen zu lassen und immer wieder aufzustehen. Das ist jedoch nur möglich, wenn man im „Hier und Jetzt" lebt und die Vergangenheit hinter sich lässt.

Menschen mit einer hohen emotionalen Intelligenz haben verstanden, dass alles, was sie besitzen, eventuell nur vorübergehend ist. Aus diesem Grund können sie einfacher loslassen und besser mit Verlusten umgehen. Auch wenn ihr Business scheitern sollte, lassen sie den Kopf nicht lange hängen und stehen wieder auf, um ein neues Business zu starten.

Die meisten Menschen lassen sich durch Fehlschläge verunsichern. Wenn einmal etwas schief gegangen ist, warum sollte es beim nächsten Mal dann klappen? Man kann aber nicht an seinen Erfolg glauben, wenn man in der Vergangenheit lebt. Richte deinen Blick deshalb nach vorn und versuche mit der Vergangenheit abzuschließen. Denn das, was zählt, ist nicht die Vergangenheit, sondern das, was du daraus machst!

Schaue es dir bei den Erfolgreichen ab und fokussiere dich auf das Hier und Jetzt. Sie schaffen es, auf die Vergangenheit zurückzuschauen und die positiven Dinge zu sehen, die sie dahin gebracht haben, wo sie nun stehen. Nur so kannst du deine gesamte Energie für die Gegenwart aufbringen und deine eigenen Fähigkeiten voll entfalten.

5. Zu seiner Meinung stehen

Erfolgreiche Menschen stehen zu ihrer Meinung und trauen sich, diese auch zu äußern. Sie lassen sich nicht von der Meinung anderer beirren und vertrauen auf ihr eigenes Urteilsvermögen.

Jemand, der es immer allen Recht machen will, macht sich von anderen abhängig. Das hat jedoch zur Folge, dass auch das eigene Selbstwertgefühl von anderen bestimmt wird. Du solltest also weniger darüber nachdenken, was andere über dich und über das, was du tust, denken. Das kostet dich unnötig Energie und Zeit. Es führt außerdem dazu, dass du anderen die Macht über dein Handeln gibst. Selbstverständlich solltest du Ratschläge dankend annehmen und dein Umfeld auch wahrnehmen, aber deine Entscheidungen sollten von dir getroffen werden und von keinem anderen.

6. Done is better than perfect!

Emotional intelligente Menschen sind keine Perfektionisten, weil sie verstanden haben, dass kein Mensch unfehlbar ist. Wenn wir uns die Perfektion zum Ziel setzen, wird uns das nur frustrieren, weil uns immer das Gefühl zu versagen überkommen wird. Mit Perfektion als Ziel wird man immer wieder mit dem konfrontiert, was man besser hätte machen können. Das versperrt uns allerdings den Weg, uns über Erreichtes zu freuen. Nicht ohne Grund gibt es das Motto: Done is better than perfect! Natürlich sollte sich jeder Mensch als Ziel setzen, seine Arbeit so gut wie möglich zu erledigen. Allerdings kostet die Liebe zum Detail viel Zeit. Hierbei solltest du wirklich entscheiden, bei welchen Aufgaben Perfektionismus sich lohnt und bei welchen eher nicht.

7. Sich ein positives Umfeld schaffen

Diesem Punkt habe ich schon ein komplettes Kapitel (3) gewidmet. Doch der Vollständigkeit halber gehört es in diese Auflistung. Daher hier nochmal der Kern, anders ausgedrückt, zusammengefasst:

Wer kennt das nicht: Menschen, die tagein tagaus jammern und sich andauernd über das beklagen, was bei ihnen nicht gut läuft. Solche Menschen sollte man allerdings mit Vorsicht genießen, denn sie können die eigene Laune herunterziehen. Natürlich solltest du nicht unhöflich zu solchen Menschen sein, allerdings solltest du versuchen, solche Menschen in eine positive Richtung zu lenken, indem du sie zum Beispiel danach fragst, wie sie versuchen wollen, das Problem zu lösen. Bevor du dich jedoch von einem Menschen in einen Sog negativer Gefühle ziehen lässt, solltest du dich etwas von ihnen distanzieren.

Denn der Umgang mit den falschen Menschen kann uns runterziehen und unseren Erfolg in die Ferne rücken lassen. Wem es also nicht gelingt, seinen persönlichen Durchbruch zu erreichen, der sollte nach einer eigener ausführlichen Analyse auch mal den Blick auf sein Umfeld schweifen lassen. Vielleicht stehen wir uns ja nicht einmal selbst im Weg, sondern jemand, der uns mit Stress und negativen Gefühlen belädt. Wir machen uns große Sorgen um ihn, was aber dazu führt, dass wir uns weniger auf unser eigenes Leben und unseren Erfolg konzentrieren können.

8. Auch „Nein" sagen können

Es gibt leider viele Menschen, denen es sehr schwer fällt, „Nein" zu sagen. Sie denken, es wäre unhöflich, etwas abzulehnen und setzen sich so unter Druck. Diese Menschen leiden jedoch häufig unter Stress. Wenn du zu dieser Personengruppe gehörst, solltest du in Zukunft versuchen, es nicht immer allen Recht machen zu wollen. Denn das geht einfach nicht und es ist auch nicht unhöflich, etwas abzulehnen. Es wird dir niemand böse sein, wenn du etwas ausschlägst, wenn du einen guten Grund dafür hast. Wenn du eine Bitte ausschlägst, bedeutet das schließlich auch, dass du deine Verpflichtungen, denen du noch nachkommen musst, ernst nimmst und alles dafür tust, sie mit gutem Gewissen zu erledigen.

9. Kritik und Ratschläge annehmen können

Nicht jeder Ratschlag ist gut und nicht jede Kritik ist angemessen. Trotzdem meinen es Freunde, Kollegen oder Verwandte gut, wenn sie uns Ratschläge geben oder Kritik äußern. Jeder Mensch, der nach Erfolg strebt, sollte offen für Kritik sein und Ratschläge dankend annehmen. Auch erfolgreiche Menschen können immer noch von jemandem lernen, der sie und ihre Arbeit weiterbringen kann. Falscher Stolz bringt uns an dieser Stelle nicht weiter. Konstruktive Kritik sollte deshalb wertgeschätzt werden, denn sie kann dich auf Dinge hinweisen, die dir selbst nicht aufgefallen wären. Ein gutes Feedback gibt dir also die Möglichkeit, dich zu verbessern. Diese Chance solltest du dir unter keinen Umständen entgehen lassen, auch wenn Kritik manchmal an unserem Ego kratzt.

10. Verantwortung übernehmen

Die meisten Menschen haben für alles, was falsch läuft, eine passende Ausrede parat. Das ist jedoch der falsche Weg. Erfolgreiche Menschen stehen zu ihren Fehlern und übernehmen Verantwortung für das, was sie tun. Nur wer Verantwortung übernimmt, kann sich auch das Vertrauen von Kunden und Kollegen sichern und bekommt wichtige Aufgaben.

Halte dir immer vor Augen, dass es keine Schande ist, Fehler zu machen. Selbst die erfolgreichsten Unternehmer:innen haben Fehler gemacht und machen auch immer noch ab und an Fehler. Fehler gehören einfach zum Leben dazu, denn kein Mensch ist perfekt. Fehler sind da, um mit ihnen richtig umzugehen und aus ihnen zu lernen, damit wir den gleichen Fehler nicht noch einmal in unserem Leben machen.

11. Sich weiterbilden

Man lernt nie aus. Auch Experten sollten sich immer weiterbilden, denn die Arbeitswelt schläft nicht und entwickelt sich stetig weiter, sodass angesammeltes Wissen schnell veraltet sein kann, wenn man nichts tut, um sich auf dem Laufenden zu halten. Investiere also in dich selbst und bilde dich immer weiter, um in deiner Branche auf dem Laufenden zu bleiben. Erfolgreiche Menschen arbeiten an sich und investieren viel Geld und Zeit in den Ausbau ihrer Fähigkeiten.

Die Einstellung entscheidet über Erfolg oder Misserfolg. Viele Menschen stehen sich selbst im Weg. Sie denken zu viel über die verschiedensten Dinge nach, aber die Wenigsten von ihnen haben den Mut, sie dann auch wirklich in die Tat umzusetzen. Sie scheuen sich vor Risiken, davor zu scheitern. Aber wer kein Risiko eingeht, der wird auch nie etwas verändern. Er wird immer vorsichtig bleiben und lieber abwarten, was geschieht. Wenn dir bis jetzt der persönliche Durchbruch noch nicht gelungen ist, solltest du deine Einstellung noch einmal überdenken und es den Erfolgreichen nachmachen. Denn wie gesagt: Emotionale Intelligenz ist trainierbar!

Erfolgreiche Menschen besitzen zu 90% eine hohe emotionale Intelligenz. Sie können ihre Gefühle wie Angst oder Gereiztheit besser kontrollieren und positive Gefühle verstärken. Auch du kannst deine emotionale Intelligenz steigern, wenn du dir nur ein paar dieser 11 Eigenschaften erfolgreicher Menschen aneignest:

1. *Weniger nachdenken, mehr machen!*
2. *Arbeite lösungsorientiert und grübel nicht so viel!*
3. *Besiege deine Angst vor Niederlagen und gehe Risiken ein*
4. *Lass die Fehler aus der Vergangenheit ruhen und fokussiere dich auf die Gegenwart*
5. *Stehe zu deiner Meinung*
6. *Done is better than perfect! Lege deine Perfektion ab*
7. *Schaffe dir ein positives soziales Umfeld*
8. *Übe dich im „Nein" sagen*
9. *Nimm Kritik und Ratschläge an*
10. *Übernehme Verantwortung insb. für deine Fehler und lern aus ihnen*
11. *Investiere in dein Wissen und bilde dich weiter*

Wie schreibt man so ein Buch fertig?

Dieses ist schon mein zwölftes Buch. Wenn man ein Kochbuch, welches jedoch nie veröffentlicht wurde, mitzählt, dann sogar schon mein dreizehntes. Die meisten Bücher sind ausschließlich Themen für Gründer- und Online-Marketing-Interessierte. Ein Buch brachte ich gemeinsam mit Christoph Schreiber zum Thema Anlagestrategien für Privatanleger raus.

Immer öfter wird mir die o.g. Frage gestellt und ich möchte dir hier drei Antworten und Tipps geben. Insbesondere den dritten Punkt solltest du berücksichtigen, denn dieses Prinzip ist für deinen Erfolg elementar wichtig und vielleicht eine der wichtigsten Erkenntnisse, die du aus diesem Buch mitnehmen solltest - falls es dir noch nicht bekannt ist.

1. Ich schreibe echt gerne

Ursprünglich habe ich vor allem gerne Computerspiele gespielt. Bis in den kompetitiven Bereich. Heute nennt sich das „eSports", früher war man damit eher ein Nerd. 2002 gewann ich z.B. eine der ersten echten Digitalkameras (die waren damals noch teuer...) sowie ein Preisgeld von 1.500 €. Meine Internet-Leitung in meinem Heimatdorf war jedoch nicht wettbewerbsfähig. Als ich dann die Teilnahme an einem 100.000 USD-Turnier in Texas wegen meiner Abiturprüfung absagen musste, bedeutete dies mein „Karriereende". Mein Team war in den USA der Top-Favorit. Dieser geplatzte Traum demotivierte mich stark.

Mich brachte das aber anschließend zum Schreiben. Denn die eSports-Szene inspirierte mich nach wie vor. Ich war erst stellvertretender Redaktionsleiter bei einem Printmagazin, von dem jedoch nie auch nur eine Ausgabe erschien. 2004 baute ich dann die Online-Redaktion von dem Werksteam des Computer-Versandhändlers Alternate auf und gewann 2005 sogar einen redaktionellen Award als Mitglied der Redaktion des Teams von „Mousesports". (Wenn dir das als Leser nichts sagt, keine Sorge, einfach weiterlesen.)

Schreiben ist mir schon immer relativ leicht gefallen, ich kann gar nicht sagen warum. Für meine Bachelor-Arbeit brauchte ich knapp 2 Wochen. Das war allerdings auch Pareto in seiner bestmöglichen Anwendungsform - entsprechend wurde sie auch bewertet. Anschließend schrieb ich für Gründer.de etliche E-Books und Blogartikel. Knapp 1.500 Newsletter habe ich in den letzten 11 Jahren geschrieben. Nur wer mich wirklich gut kennt, weiß, dass ich mich ganz selten auch mal an ein Gedicht traue.

2. Ich habe das beste Team der Welt!

Hinter jedem guten Autor steht ein Team, welches ihn unterstützt. Das ist bei mir natürlich nicht anders. Großartige Köpfe, die meinen Pareto-optimierten Text nehmen und daraus etwas machen, dass man später Buch nennen darf. Zum Glück ist deren Humor meinem teils ähnlich, sodass man bei der Arbeit auch mal lachen kann, während sie sich fleißig durch jeden Absatz kämpfen und den Feinschliff verpassen. Durch den gezielten Einsatz von Käse- und Möhrenkuchen versuche ich mit meinen „Backkünsten" meine wichtigsten Unterstützer bei diesem Projekt bei Laune zu halten.

Bei Christoph hingegen bin ich mir nicht immer sicher, ob ich für seine Unterstützung dankbar bin :-) Seine rund zwei Dutzend konstruktiven Verbesserungsvorschläge haben sicherlich die Qualität dieses Buches verbessert ... Aber hey, die einzuarbeiten war verdammt viel Arbeit. Ich freu mich schon aufs Korrekturlesen von deinem nächsten Buch, Christoph! :-)

Danke an alle, die mich unterstützt und motiviert haben, dieses Buch zu realisieren!

Wenn du unser Team und Büro näher kennenlernen willst, dann habe ich hier 2 lustige Videos für dich:

- Dieses Video stellt unser Team vor: www.digitalbeat.de/ueber-uns/
- Dieses Video erhalten unsere Bewerber: www.digitalbeat.de/karriere/

3. Flow

Das Prinzip des Flows zu verstehen, ist ein extrem wichtiger Bestandteil, wenn du ein erfolgreicheres Leben führen willst!

In meinem Studium habe ich gelernt, niemals Wikipedia zu zitieren. Deswegen möchte ich das gerne an dieser Stelle tun: „Flow (englisch „Fließen,

Rinnen, Strömen“) bezeichnet das als beglückend erlebte Gefühl eines mentalen Zustandes völliger Vertiefung (Konzentration) und restlosen Aufgehens in einer Tätigkeit, die wie von selbst vor sich geht – auf Deutsch in etwa Schaffens- bzw. Tätigkeitsrausch oder auch Funktionslust. Der Glücksforscher Mihály Csíkszentmihályi gilt als Schöpfer der Flow-Theorie, die er aus der Beobachtung verschiedener Lebensbereiche, u. a. von Chirurgen und Extremsportlern, entwickelte und in zahlreichen Beiträgen veröffentlichte. Heute wird seine Theorie auch für rein geistige Aktivitäten in Anspruch genommen.”

Ein großer Teil dieses Buches ist so entstanden: Handy aus und dann drauf los schreiben. Dabei komme ich schnell in den „Fluss”. So ein Buch schreibt sich nicht fertig, wenn man sich auf die To-Do-Liste schreibt, jeden Tag 30 Minuten weiter zu schreiben. Du musst in den Flow reinkommen. Während ich diese Zeilen schreibe, ist es bereits 0:30 Uhr nachts, ich sitze in meinem Homeoffice und bin schon 3 Stunden im Flow.

Den Großteil des Feintunings (Korrigieren, Optimieren, Fehler finden) habe ich im Ruhebereich in der Sauna gemacht. Das sind Orte, da habe ich meine Ruhe, da werde ich selten unterbrochen und kann mich auch selbst wenig ablenken.

Und diesen Flow brauchst du, wenn du schnell vorwärts kommen willst im Leben, wenn du Dinge umsetzen und fertig bekommen möchtest. Aber auch in verschiedenen Lernprozessen. Wenn du für eine Klausur lernst und alle 3 Minuten aufs Handy schaust - dann kannst du dir das lernen komplett sparen. Wenn du für einen Marathon trainierst, aber alle 2 km zum Quatschen stehen bleibst, dann kannst du dir auch das Training sparen.

Manchmal sitze ich morgens am PC und wundere mich, wie viel ich schon geschafft habe. Meistens fällt mir direkt danach auf, dass mein Handy gar nicht neben mir liegt. „Management by WhatsApp” ist zwar eine Führungsmethode, die ich kontinuierlich ausbaue - aber um wirklich vorwärts zu kommen, stört das Handy nur.

Flow ist ein psychologisches Phänomen und findet in etlichen Lebensbereichen seine Anwendungsgebiete. Ich bin aber kein Psychologe und alleine mit diesem Thema kann man ein ganzes Buch füllen.

Bitte: Setze dich im Anschluss an dieses Buch genauer mit dieser Thematik auseinander. Es wird dich in verschiedensten Lebensbereichen so viel weiter bringen!

Worauf kommt es eigentlich wirklich an im Leben?

Wir sind am Ende des Buches angekommen und ich hoffe, du konntest einiges mitnehmen. Manche Sachen haben sich für dich vielleicht nur wiederholt - das ist aber hoffentlich unproblematisch, denn es sind die wichtigen Dinge, die uns mehrmals begegnen und die sich wiederholen.

Einiges war wahrscheinlich auch neu für dich, hat alles noch mal in ein anderes Licht gerückt. Ich hoffe, ich konnte dir auch neue Sichtweisen und Perspektiven aufzeigen sowie den nötigen Mut zusprechen, damit du aus deinem Leben ein Meisterwerk machen kannst.

Ich möchte, dass du dir zum Abschluss diese Frage stellst:
Worauf kommt es eigentlich an im Leben?

Damit meine ich in deinem Leben! Was ist dir wichtig? Was bedeutet dir etwas? Wer bedeutet dir etwas? Wo möchtest du hin? Was möchtest du erreichen? Beantworte diese Fragen und dann nimm dir einen Tag Abstand davon. Überdenke deine Antworten: Sind die Antworten wirklich das, was du willst?

Stelle die richtigen Fragen, suche anschließend die passenden Antworten. Solange, bis es für dich passt. Und dann geh los. Geh raus in die Welt. Sie wird dir zu Füßen liegen.

Ich wünsche dir all den Erfolg, den du anstrebst; dass du ein glückliches und erfülltes Leben führst; dass du aus deinem Leben ein Meisterwerk machst und später nichts hast, was du bereust, weil du es nicht getan oder zumindest versucht hast.

Abschließend möchte ich dich um Folgendes eindringlich bitten:
Bitte vergiss nie: Es sind die Menschen in deinem Leben, die dein Leben lebenswert machen!

Danke an all die Menschen aus meinem persönlichen Umfeld, die diese Zeilen lesen. Ich bin euch so unendlich dankbar. Ihr bedeutet für mich die Welt!

MEINE BUCHEMPFEHLUNGEN

- **„simplify your life: Einfacher und glücklicher leben“** von Werner Tiki Küstenmacher und Prof. Dr. Lothar Seiwert
- **„Die Mäusestrategie: Veränderungen erfolgreich begegnen“** von Spencer Johnson
- **„Die Intervall-Woche: Arbeitest du noch oder lebst du schon? Der einfachste Weg zu NEW WORK“** von Prof. Dr. Lothar Seiwert und Silvia Sperling
- **„Wissen zu Geld: So machen Sie aus Ihrem Know-how ein digitales Business“** von Prof. Dr. Oliver Pott
- **„Jenseits vom Mittelmaß: Unternehmenserfolg im Verdrängungswettbewerb“** von Hermann Scherer
- **„Der große Gebert“** von Thomas Gebert
- **„Rich Dad Poor Dad: Was die Reichen ihren Kindern über Geld beibringen“** von Robert T. Kiyosaki

Hier gelangst du direkt zu meinen Buchempfehlungen:

www.thomasklussmann.de/buchempfehlungen

„Nimm dein Leben in die Hand und mach ein Meisterwerk daraus."

CONTRA.
EXZELLENTES MARKETING

GRÜNDER.DE